KB005769

세상에
맛있는 게
이렇게나
많다니!

In memory of my beloved Tilly
2004 - 2019

세상에 맛있는 게 이렇게나 많다니!

펴낸날 2019년 10월 29일

지은이 장완정
펴낸이 주계수 | **편집책임** 이슬기 | **꾸민이** 김소은, 이슬기

펴낸곳 밥북 | **출판등록** 제 2014-000085 호
주소 서울시 마포구 양화로 59 화승리버스텔 303호
전화 02-6925-0370 | **팩스** 02-6925-0380
홈페이지 www.bobbook.co.kr | **이메일** bobbook@hanmail.net

ISBN 979-11-5858-602-7 (03920)

※ 이 도서의 국립중앙도서관 출판시도서목록(CIP)은 e-CIP 홈페이지(http://www.nl.go.kr/cip)에서 이용하실 수 있습니다. (CIP 2019040532)

카페, 레스토랑, 빵집, 디저트까지 세계의 미식을 만나다

세상에 맛있는 게 이렇게나 많다니!

장완정

이탈리아, 프랑스에서부터
러시아, 조지아까지
동·서 유럽 열두 나라 미식 여행

PROLOGUE

가슴 설레던 스위트 스토리

6년 전, 『떠나고 맛보고 행복하다』를 출간한 후 그다음 여행을 위한 발걸음은 계속되었다. 찾아가는 곳마다 두근거림을 가득 안고 떠난 여정이었다. 세계 60여 개국을 여행하면서 그 나라의 미식을 취재하고 만났던 이 책 속의 주인공들은 하나같이 이때까지 느껴 보지 못한, 내게는 처음 들어보는 소리로 다가왔다.

전통 화덕을 가슴으로 끌어안듯이 몸을 숙여 빵을 굽던 아낙네들, 피아노를 치듯 빵 반죽을 두들기던 제빵사, 장작불로 달군 오븐에서 막 꺼낸 빵을 귀에 대고 빵이 내는 노래를 따라 흥얼대던 제빵사의 순박한 미소를 잊을 수가 없다. 정말로 빵들은 소리와 냄새를 터뜨리며 맛의 합창을 선보였다. 떠나는 내게 빵을 덥석 안겨 주던 이들의 온정은 빵이 가진 온기와 더불어 가슴을 더욱더 달구어 놓았다. 비록 언어 불통이었지만 오븐보다 더 뜨거운 사람들을 만나면서 한없이 행복한 시간을 보냈다.

4대째 빵을 굽는 어느 제빵사는 선조가 일하던 작업대 앞에 양발을 벌리고 우뚝 서서 그곳이 '보물 같은 자리'라고 당당하게 말했다. 감동을 주는 그 순간에 카메라 셔터를 누르던 손가락의 찌릿했던 전율이 지금도 느껴진다. 미디어에서만 보던 세계 톱 셰프들을 대면하기 전 들뜬 마음을 가라앉혀야 하기도 했다. 세계라는 과녁을 향해 활을 쏜 낙제생이던 셰프, 그릇에 요리뿐 아니라 마음을 담는 셰프, '너의 열정을 보라'며 후배의 가슴을 두드린 셰프, 요리를 예술의 경지로 끌어올린 이 모든 셰프들에게서 '겸손하지 않으면 배울 수 없다'라는 정신과 들끓는 열정을 품은 삶의 철학을 배울 수 있었다.

그렇게 또다시 새로운 여행지에서의 소중했던 만남과 경험들을 꾸준히 기록한 지 어느덧 6년. 둘도 없는 애독자인 둘째 문정 언니는 내게 또 한 번의 책 출간을 권유했다. 그동안 보고 느낀 것을 독자들과 폭넓게 공유하면 좋겠다는 조언이었다. 페이스트리 셰프에서 미식 여행가로 세계 각지를 여행하면서 가슴 설레어 발길이 머물렀던, 다시 그리워져 한 번 더 가보고 싶은 열두 나라의 스위트 스토리를 이렇게 책 속에 오롯이 담아 보았다.

봄 햇살이 아버지의 방에 가득히 쏟아지던 날, '마중물이 되거라' 내게 하신 아버지 말씀이 떠오른다. 이 책이 한 바가지 물인 마중물이 되어 독자들에게 콸콸 솟구치는 펌프 물이 되길 소망한다.

2019년 가을, 영국에서 장완정

차례

2장

미쉐린 스타 셰프의 철학을 보다

 058

The No.1 Restaurant in the World

이탈리아 모던 요리의 대가

'마시모 보투라'

 076

Le Louis XV- Alain Ducasse Restaurant in Monaco

21개의 미쉐린 스타

'알랭 뒤카스'와 '루이 15세-알랭 뒤카스' 레스토랑

3장

전통을 지키는 장인의 손맛

4장

스토리 오브 테이스트

세계에서 가장 아름다운 카페

영국 차의 아이콘

유로초콜릿 페스티벌

1
장

달콤한 인생

A slice of a Sweet Life

세계에서 가장 아름다운 카페

부다페스트의 '뉴욕 카페'

New York Café in Budapest

얼마 전 떠났던 유럽 6개국 여행 중 소개하지 못한 몇 나라가 있다. 그중 부다페스트의 뉴욕 카페는 지금까지 가본 카페 중 최고로 웅장하고 화려했다. '세계에서 가장 아름다운 카페'로 꼽히는 뉴욕 카페. 헝가리의 유명한 극작가 몰나르 페렌츠(Molnár Ferenc)는 뉴욕 카페가 문을 닫지 못하도록 카페 열쇠를 다뉴브 강에 버렸다는 일화가 있을 정도이다. 한세기를 훨씬 넘긴 역사의 뉴욕 카페와 재미난 모양의 '굴뚝 케이크'를 만나 보자.

부다페스트의 랜드마크

7월 초에 도착한 부다페스트는 푹푹 찌는 한여름 날씨였다. 사전에 취재 섭외를 열심히 했지만 이뤄지지 않은 여러 케이스 중 하나였던 뉴욕 카페(New York Kávéház)를 찾아 나섰다.

부다페스트에 운집했던 500여 개의 커피하우스 중 전환기였던 20세기에 가장 우아하고 인기를 독차지했던 뉴욕 카페. 당시 헝가리인들의 문학적인 삶의 중심지로 110년이 넘는 깊은 역사의 흐름을 안은 채 그 이름을 지키고 있다. 화려한 뉴욕 카페만큼이나 자자한 명성은 부다페스트의 랜드마크라 해도 과언이 아니다.

부다페스트를 흐르는 다뉴브 강은 서쪽은 부다, 동쪽은 페스트로 도시를 가른다. 번화한 도시의 중심부인 페스트에 자리한 뉴욕 카페는 지하철 M2 빨간색 라인을 타고 지하철역(Blaha Lujza tér)에서 내리면 가깝다. 뉴욕 카페가 있는 보스콜로 호텔(New York Palace Boscolo Budapest Hotel)까지는 도보로 5분 거리이며 호텔 정문을 지나 20여m

더 내려가면 건물 모퉁이 1층에 위치한다.

뉴욕 카페에 도착한 오전 10시 반, 깜짝 놀랄 정도로 거대한 규모의 현란한 홀을 보자 눈이 휘둥그레졌다. 대여섯 명이 넘는 손님들은 좌석을 받느라 줄을 서서 대기하고 있고 늦은 아침 식사나 케이크를 먹는 손님들 사이로 빈 테이블들이 드문드문 보였다.

웨이터들과 함께 바쁘게 서빙하던 매니저 노베르트(Nórbert Valogh)는 계속 밀려드는 손님들로 잠깐 시간 내는 것조차도 힘들어 보였다. 잠시 후, 노베르트는 즉흥 섭회에 흔쾌히 응하며 뉴욕 카페의 다섯 가지 시그니처 케이크를 추천해 주었다.

한세기를 넘긴 카페의 역사

보스콜로 호텔의 전신인 뉴욕 팰리스(New York Palace)는 19세기 말에 완성된 역사적인 건물이다. 뉴욕생명보험사의 헝가리 주재 본부 사무실 건물 설계를 맡은 하우스만 알라요쉬(Hauszmann Alajos) 외 두 명의 헝가리 건축가는 1892년~1894년에 걸쳐 뉴욕 팰리스(New York Palace)를 완공했다. 그리스, 라틴, 르네상스 그리고 바로크의 옛 건축 양식과 함께 아르누보(art nouveau: 19세기 말~ 20세기 초에 성

행한 유럽의 예술 사조) 양식까지, 총 다섯 가지 스타일을 응용하여 설계한 이들의 발상은 기발했다.

1894년 10월 23일에 완공된 뉴욕 팰리스 1층에 헝가리의 커피 공장 경영주였던 산도르(Sandor Steuer)는 뉴욕 카페의 문을 열었다. 문학인들과 시인, 예술인, 저널리스트들의 집합 장소였던 뉴욕 카페는 오랫동안 부다페스트의 문화생활 중심부였다. 제1차 세계 대전 이전까지 최고의 전성기를 누렸던 카페 건물은 한때 신문사 본사로, 암울했던 공산화 시절에는 창고로 사용되기도 하고 훗날 뉴욕 호텔로 변신하는 긴 여정을 거친다.

제1, 2차 세계 대전과 헝가리의 공산화로 역사와 함께 쇠퇴하였던 뉴욕 팰리스는 2011년 2월에 이탈리아의 보스콜로(Boscolo)그룹이 매입했다. 이탈리아 복원국립센터와 함께 건물에 대한 세심한 공동 작업을 하면서 5년에 걸친 복구 작업을 마쳤다. 2006년 5월 5일, 5성급 뉴욕 팰리스 보스콜로 부다페스트호텔(New York Palace Boscolo Budapest Hotel)이라는 새로운 이름으로 문을 열고 대신 뉴욕 카페의 이름은 그대로 간직했다. 예전의 눈부신 화려한 모습으로 재단장한 뉴욕 카페는 오늘날 세계에서 가장 아름다운 카페로 손꼽힌다.

아름다움의 극치를 말하다

보스콜로 호텔은 부다페스트에서 흔히 보는 건물 같지만 일단 카페로 들어서면 상상을 뛰어넘는다. 발을 딛는 순간, 열린 문 하나 사이로 펼쳐지는 경이로운 세계에 흠칫 놀란다. 마치 어느 고풍스러운 궁전에 들어선

듯 웅장한 규모와 호화찬란한 인테리어에 입이 딱 벌어진다. 대리석 바닥재가 깔린 어마어마하게 넓은 홀에 길게 놓인 강렬한 자주색 의자들이 눈을 현란하게 했다. 기다란 홀을 따라 걷다 보면 양옆으로 세워진 거대한 대리석 기둥들의 위세에 압도당할 수밖에 없다. 프레스코 벽화들이 가득한 드높은 천정과 사방은 빈틈 하나 없이 온갖 장식으로 치장된 호화로움에 눈이 휘둥그레진다. 길게 늘어선 기둥의 사이마다 불 밝힌 수많은 등과 이탈리아의 베네치아산 크리스털 샹들리에 불빛들은 그 화려함에 가세한다.

홀 중앙의 아치형 계단 입구에는 살짝 꼬인 대리석 기둥들이 양옆에 세워져 있고 1층과 연결된 널찍한 지하 카페가 훤히 내려다보인다. 양쪽 벽면이 나무로 둘러싸인 지하에 앉아 위를 올려다보면 샹들리에가 매달린 천정은 더더욱 높다랗기만 하다.

다시 찾고 싶은 카페

뉴욕 카페의 명칭은 고풍스러운 부다페스트의 카페 이름 같지 않게 다소 생소하다. 그러나 카페의 깊은 역사를 알고 나면 19세기 헝가리 커피하우스의 진한 맛이 밴 카페라는 사실과 그 매력에 빠져든다. 그래서일까? 뉴욕 카페의 독특한 분위기를 즐기려는 사람들의 긴 행렬은 종일 꼬리를 문다.

케이크 사진들을 다 찍은 후, 노베르트 매니저가 권하는 달콤한 케이크들을 커피와 함께 맛보던 나는 화려한 분위기에 젖어 다시 황홀경에 빠졌다. 맛있게 먹었던 케이크 중 헝가리 전통 케이크인 도보스 케이크(Dobos torta)나 에스터하지 케이크(Esterházy torta: 4~5층 되는 케이크 사이마다 버터크림이 든 아몬드 맛 케이크)는 약간 변형되게 만들어 특색있었다. 손님들은 카페의 압도적인 분위기와 더불어 케이크를 먹는 색다

+
마지팬과 피스타치오 맛 아이스크림을 다크초콜릿으로 씌운 모차르트 봄바(Mozart Bomba). 봄바는 두 종류 아이스크림 사이에 다진 아몬드를 넣어 만드는 아이스크림 디저트이다.

+

헝가리를 대표하는 세 가지 케이크(Hungarian cake selection).
사진 오른쪽: 간소하게 3층으로 만든 케이크 사이사이에 크림이 든 에스터하지 케이크(Esterházy torta), 중앙: 건포도, 사과, 호두가 든 애플파이. 크럼블 위에 슈가 파우더를 살짝 뿌렸다. 왼쪽: 전통적인 케이크라고 하기보다 많이 변형된 미니 도보스 케이크(Dobos torta). 케이크 위에 올리는 캐러멜 장식은 코코넛에 굴린 화이트 초콜릿 볼을 담은 설탕 바스켓으로 대신했다. 호두와 바닐라 아이스크림이 함께 나온다.

른 맛의 경험을 오히려 즐기는 듯했다.

카페는 오전 9시부터 다양한 식사를 비롯한 케이크, 아이스크림, 커피와 음료 등을 제공하며 저녁 12까지 문을 연다.

난생처음 본 화려한 뉴욕 카페에 몹시나 설레던 나는 체코로 출발하기 전에 한번 더 보고 싶어 그곳을 다시 찾았다. 역시나 뉴욕 카페를 처음 본 순간과 똑같이 가슴이 설레며 두근거렸다. 100년이 넘는 역사의 부다페스트의 루즈부름(Ruszwurm), 제르보 카페(Café Gerbeaud)와 더불어 뉴욕 카페는 19세기로 거스르는 시간 여행의 마지막 카페 종착지이다.

New York Café
Erzsébet körút 9-11, 1073 Budapest, Hungary
☎ (+36) 1 886 6111

재미난 이름의 굴뚝 케이크

부다페스트로 떠나기 전, 체코의 프라하에서 처음 먹어 본 트르델니크(trdelník)라는 굴뚝 케이크는 맛도 별미였지만 가운데가 텅 빈 원기둥 모양이 참 신기했다. 몇 군데서 굽던 굴뚝 케이크의 고소한 냄새는 멀찌감치 떨어져 있음에도 코를 자극해 매번 그냥 지나치기 힘들었다. 쇠로 된 실린더에 케이크 반죽을 나선형으로 도르르 말아 기계에 돌려 굽는데, 볼 때마다 신기하고 재미나 지켜 서서 구경하고는 했다. 굴뚝 케이크는 안쪽 면은 보드랍고 겉은 바삭바삭한 맛으로 그 자리에서 한 개는 후딱 먹는다.

부다페스트에 도착한 후, 마차시 성당(Mátyás-templom)과 아주 가까운 곳에 있는 작은 간이 가게에서 헝가리 굴뚝 케이크인 큐르투쉬콜라치(kürtőskalács)를 만드는 한 아주머니를 만났다. 유창한 독일어를 구사하던 루마니아 아주머니는 굴뚝 케이크의 원조는 루마니아라며 루마니아산 밀가루로 만든다고 했다. 케이크 굽는 사진을 일절 허락하지 않던 엄격한 아주머니를 내내 아쉬워한 채 발길을 돌렸다. 그런데 마침 부

다페스트의 유명한 쇼핑가 바치 거리(Váci utca)를 지나다 요행히 도심 한복판에서 벌어진 이벤트로 굴뚝 케이크를 굽는 것을 발견하고 얼마나 반가웠는지 모른다.

헝가리어 큐르투쉬콜라치의 큐르투(kürtő)는 굴뚝 또는 긴 파이프, 콜라치(kalács)는 케이크를 뜻한다. 큐르투쉬콜라치의 원조는 헝가리이며 예전 헝가리 영토였던, 현재 루마니아 중서부 지역의 트란실바니아(Transilvania)가 고향이다. 특히 슬로바키아식 굴뚝 케이크인 스칼리츠키 트르델니크(Skalický trdelník)는 2007년 유럽 연합의 원산지 명

칭 보호법으로 제정되어 있다. 폴란드, 독일 등지의 유럽 몇몇 나라에 굴뚝 케이크와 모양새가 유사한 케이크들이 있으며 유럽 여행의 종착지였던 루마니아에서 나는 또다시 굴뚝 케이크를 먹어 볼 수 있었다.

바치 거리의 비테즈 큐르투쉬(Vitéz Kürtős) 팝업 매장은 굴뚝 케이크를 만들 때 오크(oak) 혹은 너도밤나무로 된 실린더를 사용했다. 또한, 열선이나 약한 가스 불 위에서 실린더가 자동으로 돌아가며 구워지는 방식이 아닌 숯불에 구워 굴뚝 케이크가 왠지 더 맛깔스럽게 보였다.

만드는 법은 밀가루, 버터, 이스트, 달걀, 우유, 설탕, 소금 등을 넣어 만든 반죽을 굵기 2cm, 길이 1.5m 남짓하게 민다. 녹인 버터를 바른 실린더 위에 길게 민 반죽을 촘촘하게 감아 준다. 실린더 양쪽을 잡고 반죽이 고르게 펴지도록 눌러 민 다음 그 위에 다시 버터를 바른다. 설탕이 담긴 트레이에 실린더를 여러 번 굴려 반죽에 설탕을 골고루 묻힌다. 숯불 위에 실린더를 걸쳐 놓고 손으로 천천히 돌려가며 굽는다. 이때 설탕이 녹으면서 케이크의 색깔과 광택을 더해주고 아삭한 맛을 낸다. 꺼내기 직전 숯불 위에 실린더 한쪽을 고정해 케이크에 살짝 캐러멜 색깔을 나게 한다. 먹음직스럽게 구워진 케이크는 따끈할 때 흑설탕, 계핏가루, 코코넛 그리고 아몬드 가루가 각각 담긴 나무 그릇에 실린더를 세우고 가루를 뿌린다. 돌돌 말아 구운 굴뚝 케이크는 잡아당기면 스프링 늘어나듯 떼어져 먹는 재미가 아주 그만이다.

부다페스트에서 맛본 또 다른 빵 한 가지가 있다. 평일과 달리 일요일 오후가 되자 세체니 체인 브리지와 가까운 다뉴브 강가 한편에 널찍하게 벌려 놓은 한 노점상이 있었다. 길게 늘어놓은 가판대 위에는 온갖 빵, 케이크를 비롯한 스트루들(strudel: 얇은 페이스트리 반죽에 사과, 체리 등을 넣어 만듦) 등 다양한 종류로 가득했다. 그중 독특한 모양으로 만든 큼지막한 페레츠(perec)가 제일 먼저 눈에 띄었다. 페레츠는 독일의 브레첸(Brezen) 혹은 브레첼(Bretzel)이라는 특이한 매듭의 형태로 만든 빵과 흡사한 헝가리식 브레첸이다.

밀가루, 이스트, 버터, 우유 그리고 설탕으로 만든 반죽을 어른 손바닥 두 배만큼이나 크게 빚어 구운 페레츠는 먹음직스럽다. 짭짤한 맛이 나는 브레첸과 다르게 페레츠는 약간 단맛이 나면서 부드럽다. 브레첸처럼 빵 중간에 꼰 매듭은 세 개나 되고 모양은 직사각형일 뿐 기본 생김새는 브레첸과 비슷했다. 굵은 소금을 뿌린 브레첸과 달리 페레츠는 다 구워지기 직전에 밀가루와 소금을 넉넉히 넣고 물에 되직하게 갠 반죽을 듬성듬성 뿌려 마저 굽는다. 바로 이 짭조름한 맛이 페레츠 맛을 각별하게 한다. 조금씩 변화된 모양의 브레첸은 체코, 폴란드, 루마니아 등 유럽 여러 나라에서 맛 볼 수 있다.

영국 차의 아이콘

'크림 티'와
세계 최초 박물관 카페에서 즐긴 '애프터눈 티'

Cream Tea and Afternoon Tea

18세기 이래 영국은 세계 최고로 차를 즐기는 나라로 꼽힌다. 차와 함께 영국의 깊은 문화로 뿌리 내린 된 애프터눈 티(afternoon tea)와 크림 티(cream tea)는 영국인의 자긍심이다. 크림 티는 애프터눈 티의 한 종류이지만 전통적으로 엄연히 다르다는 사실. 크림 티에는 그와 얽힌 참 흥미로운 얘기가 많다.

티룸에서 즐기는 전통 '크림 티'

이른 아침부터 취침 전까지 차를 마시는 영국인들의 차 문화는 무척 색다르다. 가정이나 직장에서도 기분이 좋을 때나 나쁠 때도 머그에 한 가득히 차를 마시며 삶의 속도를 늦추는 이들에게 '차 한 잔'은 묘약과 같다. 더구나 보편화 된 티룸(tea room)은 구색 갖춘 정통 차와 함께 애프터눈 티와 크림 티를 즐기는 영국인들 곁에 늘 가깝게 있다.

워낙 알려진 애프터눈 티에 비해 크림 티는 조금 낯설지만 일종의 애프터눈 티다. 이 두 종류는 자칫 혼동하기 쉬운데, 전통적으로 명백히 다르다. 애프터눈 티는 샌드위치, 스콘, 그리고 페이스트리와 케이크류 등 격식을 갖춰 3단 스탠드에 담아낸다. 대체로 애프터눈 티는 명성 높은 티룸이나 고급 호텔에서 인기리에 제공되어 예약을 서둘러야 하고 드레스 코드도 꼭 확인해야 한다. 애프터눈 티보다 훨씬 간소한 크림 티는 스콘(scone), 클로티드 크림(clotted cream), 그리고 딸기 잼으로 구성된다.

크림 티의 본산 콘월(Cornwall)과 데븐(Devon) 주는 남서부 끝자락에 나란히 이웃하고 풍광이 뛰어나다. 이곳에 철로가 놓이고 1850년경 일기 시작한 관광 붐을 타면서 관광객들에게 알려진 크림티는 점차 인기를 끌게 되었다. 각기 지역명을 붙여 데븐 크림 티(Devon cream tea), 혹은 코니시 크림 티(Cornish cream tea)라고 달리 부른다. 오래 전부터 두 지역은 서로 크림 티의 원조를 주장하며 옥신각신한다. 2010년, 급기야 데븐 주는 크림 티의 발상지는 데븐이라며 원산지 명칭 보호(PDO) 인증을 거론해 주목을 받았다. 데븐 서부에 있는 테비스톡(Tavistock)의 베네딕토회 수도원의 수도사들은 11세기경, 이미 빵에 크림과 잼을 발라 먹었다는 역사적 기원을 내세웠다. 두 주는 스콘을 먹는 법까지 다르다 보니 순서의 옳고 그름을 따지기에 이르렀으며 원조를 따지는 승강이는 계속 되었다.

잼 & 크림, 어느 것을 먼저?

데븐과 콘월의 크림 티는 차와 더불어 스콘, 클로티드 크림, 잼으로 크게 다를 것이 없다. 유일한 차이점은 스콘을 먹을 때 잼과 크림 중 무엇부터 바르냐는 소소한 것이다. 데븐은 반으로 가른 스콘에 크림을 바르고 그 위에 잼을 올리는 반면에 콘월은 잼을 바른 다음 크림을 얹는다. 이렇듯 제각각의 방식을 고집하다 보니 바르

+
클로티드 크림을 먼저 바르는 데븐식

는 순서에 따라 콘월식과 데븐식으로 구분된다.

+
딸기잼을 먼저 바르는 콘월식

사소한 문제로 벌어진 각축전은 크림 티 애호가들에게 흥밋거리가 아닐 수 없다. 영국인들조차 잼을 먼저, 아니면 크림을 먼저 발라야 할지 순간 망설이게 될 만큼 재미난 걱정거리이기도 하다. 어떤 식이든 먹을 때는 상관없는 듯하지만, 막상 두툼한 잼이 맨 위에 있으면 아무래도 달착지근한 맛을, 반대로 크림이 위에 발린 스콘을 베어 물면 진한 크림 맛을 먼저 느끼게 되니 은근히 다른 식감을 준다. 다만 약간 되직한 클로티드 크림을 듬뿍 펴 바르고 나서 잼을 얹는 것이 수월하기는 하다. 어느 것을 먼저 바르는가는 온전히 개개인의 선호이지만 아무래도 데븐에 가면 데븐식, 콘월에서는 콘월식을 따라야 할 것이다.

한 에티켓 전문가는 스콘을 먹는 방법에 대해 이렇게 설명한다. "스콘은 양손을 이용해 반으로 가르고 한입 크기로 적당히 떼어 내 잼과 크림을 바른다. 딸려 나오는 나이프는 잼과 크림을 바를 때 사용하는 것인데 요즘엔 스콘을 나이프로 자르는 것이 일반화된 듯하다. 스콘에 잼과 크림을 발라 포개서 샌드위치처럼 먹는 것은 올바른 매너가 아니다."

농후한 맛 그 자체, 클로티드 크림

크림 티의 주역은 단연코 클로티드 크림이다. 클로티드 크림은 데븐에서는 데븐 크림(Devon cream) 또는 데븐셔 크림(Devonshire cream), 그리고 콘월은 코니시 크림(Cornish cream)이라 호칭한다. 낙농업이 활발한 두 지역의 특산품인 크림에 관해서도 두 지역은 최고의 맛과 원조를 내세우며 승강이를 벌인다. 데븐은 크림의 기원에 대해 14세기 초에 테비스톡 수도원의 수도사들이 클로티드 크림을 만들었다고 한다. 서기 997년, 바이킹의 침략으로 훼손된 수도원을 재건할 때 데븐 백작의 도움으로 파견된 현지 인부들에게 빵, 클로티드 크림, 그리고 잼을 제공했다는데 확실한 자료는 없다.

17세기에 출간된 한 요리책에 뿌리 깊은 클로티드 크림의 레시피가 적혀있다. 클로티드 크림을 만드는 방법은 다양해 우유를 증기에 찌거나 뜨겁게 중탕, 또는 오븐을 이용하기도 한다. 중탕할 경우 우유를 한 시간가량 데워 천천히 반나절 동안 식히는데, 그 과정에서 막이 생겨 액체와 고체가 분리되고 크림만 위로 떠오른다. 또 다른 방법은 오븐 온도 80℃의 저온에 12시간 이상 두어 응고된 크림을 차게 식힌 후 걷어 내는 것이다. 이렇게 완성된 크림은 유지방이 높은 고형 크림, 즉 클로티드 크림으로 살짝 달짝지근한 맛이 돌며 고소하고 아주 농후하다.

1998년, '코니시 클로티드 크림'(Cornish clotted cream)은 유럽 연합 지침에 의해 원산지 명칭 보호(PDO)를 받았다. 반드시 우유는 콘월에서 생산된 것을 사용해야 하며 크림은 최소한 55% 이상 유지방을 함유해야 하는 규정을 따른다. 간혹 클로티드 크림이 아닌 휘핑크림이나 일반 크림 등으로 간편하게 대체하기도 하는데 콘월과 데븐에서 만큼은 오로지 정통 클로티드 크림뿐이다.

Popular Scone

스콘은 영국 전통 빵, 또는 케이크의 일종으로 원래 중간 크기의 원형 접시만큼 크고 납작했다. 그 기원은 스코틀랜드로 애초에 발효제 없이 귀리로 만든 반죽을 도톰하게 밀어 바닥이 두꺼운 번철에 구웠다. 먹기 좋게 삼각형으로 등분한 이 빵을 스코틀랜드에서는 흔히 배넉(bannock), 아니면 삼각형 스콘(triangle scone)이라고 부른다. 19세기 경, 베이킹파우더가 등장하면서 스콘을 오븐에 굽기 시작했으며 오늘날 잘 부풀어 오른 모양새로 자리 잡았다.

스콘이 이목을 끌기 전, 콘월은 전통적으로 크림 티에 코니시 스플릿(Cornish split)을 곁들였는데 스콘의 등장으로 차차 밀려나게 되었다. 부드러운 미니 롤 빵인 코니시 스플릿은 반으로 잘라 버터, 잼, 그리고 클로티드 크림의 순서대로 발라먹는다.

스콘은 만들기 쉬운 퀵 브레드 종류이며 밀가루, 우유, 버터, 달걀, 설탕, 베이킹파우더, 소금 등 재료가 간단하다. 유의해야 할 점은 반죽을 오래 치대면 글루텐이 형성되어 식감이 거칠어지므로 적당히 알맞게 다독거려야 한다. 사실 스콘은 생김새가 좀 투박한 편이다. 그래서 일까, 예쁘게 잘 구워진 것보다 오히려 맵시 없게 생긴 스콘이 훨씬 정감이 있고 맛깔스럽게 보인다.

스콘 종류는 어떤 재료가 들어가는가에 따라 무궁무진하다. 순수한 맛인 플레인 스콘(plain scone) 이외에 크랜베리, 대추야자, 건포도 등 말린 과일이나 초콜릿, 온갖 견과류가 든 스위트 스콘(sweet scone), 그리고 치즈, 햄, 허브 등을 넣어 맛이 짭조름하니 감칠맛 나는 세이버리 스콘(savory scone)이 있다. 스콘은 겉이 파삭파삭해 곧잘 부서져 퍽퍽해 보이지만 속살은 촉촉하다. 차가운 스콘보다 온기가 살짝 느껴지게 데워 먹으면 혀에 감기는 맛이 그만이다.

베이커리 온 더 워터(Bakery on the Water)

코츠월드(Cotswolds)는 영국에서 가장 아름답고 그림 같은 크고 작은 마을들이 모여 있는 곳이다. 중서부 6개 주의 넓은 지역에 걸쳐 있는 마을 곳곳마다 영국의 전형

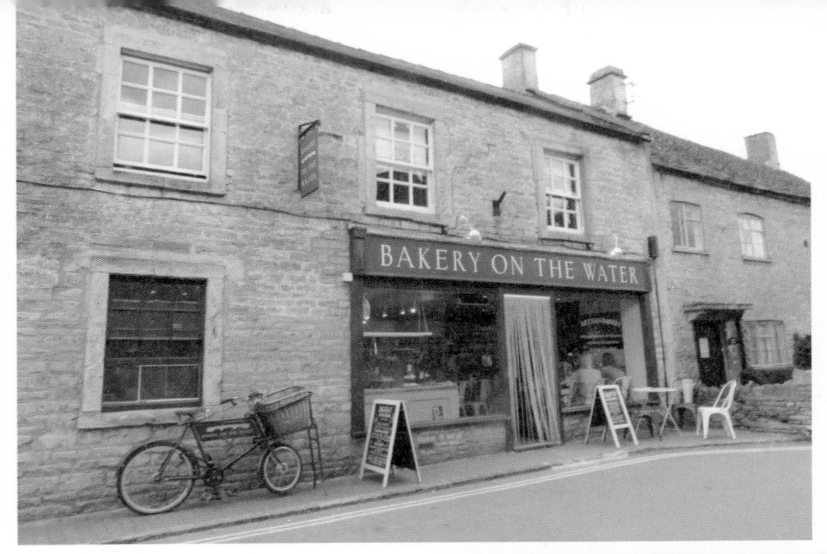

적인 전원 풍경을 한껏 누릴 수 있다. 자연 미관이 빼어난 마을 중 하나인 버튼 온 더 워터(Bourton-on-the-Water)는 런던에서 북서쪽으로 140여km 지점에 있다. 코츠월드의 상징인 노란색 석회암 집들이 아기자기하게 들어선 마을에는 윈드러시(Windrush) 강이 얕게 흐르고 연달아 놓인 돌다리들은 운치를 더한다.

그림 같은 이곳에서 3대와 4대인 모녀가 경영하는 베이커리 온 더 워터(Bakery on the Water)를 만날 수 있다. 예쁜 마을에 단박에 빠진 클레어(Clare Keyte)는 딸 카밀라(Camila)와 2013년 7월, 베이커리 온 더

워터를 새롭게 개장했다. 클레어의 할머니는 1910년경, 현재 빵집에서 그리 멀지 않은 리밍튼 스파(Leamington Spa)에서 케이크 가게를, 그리고 부모님은 옥스퍼드에서 빵집을 했던 뿌리 깊은 가족 내력이 있다.

베이커리 온 더 워터는 플래그십 빵집으로 떠오르면서 크림 티를 찾는 관광객들로 몹시 붐빈다. 별미 스콘과 크림 티가 워낙 소문이 자자하지만, 사우어도 빵을 비롯해 다양한 케이크, 페이스트리 등도 맛볼 수 있다. 특히 강가를 낀 작은 뒤뜰의 테이블에 자리 잡고 앉아 느긋하게 티를 마시며 먹는 스콘은 더할 나위 없다. 빵집을 나서던 늦은 오후 시간, 클레어는 스콘이 가득한 트레이를 오븐에서 연달아 꺼내고 있었다.

+
차와 함께 서빙되는 베이커리 온 더 워터의 크림 티 세트

Bakery on the Water
Sherborne Street, Bourton - on - the - Water, GL54 2BY, England
☎ (+44) 01451 822748

음식 문화의 전통, 애프터눈 티

영국 빅토리아 시대의 한 공작부인이 평소 일상생활에 즐기던 오후의 티타임이었던 애프터눈 티. 그 역사는 그리 길지 않지만 오늘날 애프터눈 티는 영국을 상징하는 이색적인 전통 음식 문화로 영국에서 한 번은 경험해 보고 싶은 목록에 든다.

원래 티(tea)는 두 가지 뜻을 내포하는데 마시는 음료인 차와 몇 가지 다른 종류의 식사라는 용어이다. 그 종류는 애프터눈 티를 비롯해서 하이 티(high tea)와 크림 티(cream tea)가 있으며 더러 저녁 식사를 대신해 간단히 '티'라고도 한다.

애프터눈 티와 하이 티는 자칫 혼동하기 쉽다. 하지만 엄밀한 의미에서 애프터눈 티는 점심과 저녁 사이의 공백을 채워주는 간편한 식사이며 티가 함께 제공된다. 그리고 전통적으로 하이 티는 뒤늦게 일을 마친 중산층이나 노동자 계층이 먹었던 따뜻한 음식인 저녁 식사를 일컫는다. 애프터눈 티를 로우 티(low tea)라고 하는데 애프터눈 티는 소파에 앉아 높이가 낮은 티 테이블에서, 그리고 하이 티는 높은 식사용 테이블에서 먹으면서 유래되었다.

애프터눈 티의 전형적인 메뉴는 샌드위치, 스콘, 페이스트리, 그리고 케이크류가 주를 이룬다. 이 밖에 크림 티는 스콘, 클로티드 크림 그리고 딸기 잼으로 구성되어 애프터눈 티보다 훨씬 간소하다.

애프터눈 티는 빅토리아 여왕(Queen Victoria)이 재위한 빅토리아 시대였던 19세기, 한 귀족의 평범한 일상생활에서 시작되었다. 베드퍼드 공작부인 안나(Anna Maria Russel, Duchess of Bedford)는 저녁 7~8시경에 먹는 늦은 식사 전에 몰려오는 시장기를 달래기 위해 하인에게 티와 요깃거리를 주문했다. 이렇게 시작된 애프터눈 티는 안나의 일상적인 습관처럼 되었으며 자신의 저택 워번 수도원(Woburn Abbey)에 친구들을 초대해 하우스 파티를 즐겼다. 안나와 평생 친구였던 빅토리아 여왕도 애프터눈 티에 매료되었던 한 사람으로 공식 연회 행사 등을 벌였다. 애프터눈 티는 상류층 여성 사회에서 유행하기 시작했고 안나는 귀부인들의 호사스런 사교 문화를 만든 장본인이기도 하다.

티는 이보다 앞서 17세기경 영국에 처음으로 소개되었다. 하지만 높은 세금이 부과되어 왕족과 귀족, 일부 부유층들만 누릴 수 있었고 19세기 중반에 이르러 대중화되었다. 식량 배급이 진행되었던 1차 세계대전 중, 애프터눈 티는 가정에서 자연히 중지되었고 전쟁 이후에도 쉽사리 부활하지 못했다. 오로지 호텔이나 티 룸에서 형식을 갖춘 애프터눈 티를 먹을 수 있다 보니 특별한 날 혹은 행사 때 바깥에서 즐기게 된 계기가 되었다.

클래식 애프터눈 티를 즐기다

19세기 여성 사회의 새로운 생활 방식을 유도했던 애프터눈 티는 영국 전통의 고급 미식 문화로 정착했다. 오늘날에는 일류 5성급 호텔이나 호화로운 티 룸에서 접하는 차 문화로 변하여 대중성이 적은 편이다. 애프터눈 티는 대부분 클래식 애프터눈 티와 샴페인, 또는 프로세코(prosecco: 샴페인 대용인 이탈리아 스파클링 와인)를 추가한 두 종류다. 샴페인이나 스파클링 와인은 입맛을 돋우기 위해 애프터눈 티를 시작하기 전에 가볍게 한 잔 마시기도 한다. 시간대는 대개 오전 11~12

시경 시작해서 저녁 5~6시경까지 서빙을 한다. 예로 호텔일 경우 일 인당 가격은 봉사료 등 세금이 포함되어 대략 10만원 이다. 여기에 몇만원씩 하는 샴페인 한 잔 가격은 결코 만만치 않은 액수다. 그럼에도 명성 높은 몇몇 호텔은 늦어도 몇 주 전에 서둘러 예약을 해야만 한다. 대신에 샌드위치 등등 더 원하는 것은 리필해 주기도 한다.

애프터눈 티는 3단으로 된 케이크 스탠드에 격식을 갖추어 차린 꾸밈새가 일품이다. 상단은 앙증맞은 타르트를 비롯 페이스트리와 케이크류, 중간은 스콘, 그리고 하단은 다양한 샌드위치가 고루 담겨 먹음직스럽다. 먹는 순서는 제일 먼저 샌드위치를 시작으로 스콘과 케이크 등 달콤한 디저트로 입맛을 마무리한다.

핑거 샌드위치(finger sandwich)는 오이, 햄과 치즈, 그리고 달걀을 각각 넣어 만들기도 하고 다양한 속 재료를 이용한다. 특히 영국이 원조인 오이 샌드위치는 종잇장처럼 저민 오이 맛이 무척 깔끔하다. 식빵 테두리를 깔끔히 다듬고 삼각형 또는 네모나게 자른 샌드위치는 포크를 사용하지 않고 손으로 들고 먹는다.

어찌 보면 호텔의 애프터눈 티는 보편적인 전통 티 문화라기보다 소수의 부유층과 외국 관광객들을 대상으로 상품화된 듯한 느낌을 준다. 그렇지만 정식 세트 메뉴와 찻잔으로 구색을 갖춘 고급스럽고 한정된 외식 문화인 것만은 아니다. 일반 가정에서는 간편하게 스낵과 함께 머그에 든 티를 마시면서 그들만의 극히 평범한 애프터눈 티를 즐긴다.

세계 최초의 박물관 카페 '빅토리아 앨버트'(V & A)

런던에는 고풍스런 분위기에 푹 젖어 애프터눈 티를 한껏 즐길 수 있는 카페가 있다. 런던에서 가장 아름다운 건물 중 하나인 빅토리아 앨버트 박물관(Victoria and Albert Museum: 이하 V & A로 표기)에 위치한 이 카페는 세계 최초로 박물관 안에 오픈해 역사적 유래가 깊다. V & A 박물관은 1852년 런던에 세워진 왕립 박물관 중 하나로 역사상 처음으로 저녁에 가스 등을 켜고 갤러리의 작품 감상을 시도했다. 원명은 생산품 박물관(Museum of Manufactures)이었는데 1899년, 빅토리아 여왕은 망부 앨버트 공의 업적을 기리기 위하여 V & A 박물관으로 호칭을 바꾸었다.

초대 박물관장이었던 헨리 콜(Henry Cole)은 세계 최초로 박물관 내에 레스토랑을 여는 구상을 세웠다. 그의 콘셉트는 문화를 즐기는 관람객들을 대접하여 박물관 방문을 적극적으로 장려하려는 방안이었다. 세 개의 다이닝 룸은 인테리어를 담당한 디자이너들의 성을 따라 겜블(Gamble), 포인터(Poynter), 모리스(Morris) 룸으로 각각 명명되었다. 그중 겜블 룸이 맨 처음 개장했으며 세 곳의 인테리어는 현저하게 다른 느낌으로 각기 개성이 강한 것이 특징이다.

헨리 관장은 직물 디자이너 윌리엄 모리스(William Morris)에게 중세 고딕 스타일의 인테리어 디자인을 의뢰했다. 윌리엄은 건축가와 예술가인 두 친구와 디자인 회사를 공동 운영했으며 공식적인 첫 작업으로 모리스 룸을 떠맡게 되었다. 천정에 다다른 높은 스테인드글라스는 에드워드(Edward Burne-Jones)가 완성했으며 건축가 필립(Philip Webb)은 기하학적 패턴과 아라베스크 장식 무늬로 천정을 꾸몄다. 또한 필립이 디자인

한 벽지와 상단부의 띠 장식은 모리스 룸의 심벌이기도 하다. 19세기의 예술적 터치가 가미된 모리스 룸에서 타임머신을 타고 돌아간 듯 특유의 빅토리언 애프터눈 티를 만나 볼 수 있다.

+
3단 케이크 스탠드 – 케이크 스탠드 맨 윗단에는 앙증맞은 디저트류가 놓인다. 레몬 제스트 & 캐러웨이 & 양귀비 씨 케이크, 구스베리 콩포트가 듬뿍 채워진 구스베리 타르트, 감미로운 오렌지 케이크, 건포도 스콘과 미니 빅토리아 케이크. 2층에는 중앙의 동그란 오이 샌드위치를 중심으로 햄 샌드위치, 가재 샌드위치, 그리고 오픈 샌드위치를 담았다.

빅토리아 시대의 애프터눈 티

V & A 박물관의 널찍한 복도를 따라 걷다 보면 다이닝 룸 세 개가 나란히 줄지어 보인다. 그중 모리스 룸은 올리브색 벽지와 짙은 초록색 격자형 목재가 벽면 하단을 두르고 있어 남달리 차분한 분위기가 느껴진다. 두 가지 색조를 띤 모리스 룸은 일명 그린 다이닝 룸(Green Dining Room)이라고도 한다. 흰 테이블보는 바닥까지 치렁거리고 원형 테이블 위에 초록색 꽃무늬 그릇 세트가 정갈하게 놓여 있다. 고유한 양식의 그릇들은 모리스 룸의 애프터눈 티를 위해 버얼리 포터리(Burleigh Pottery) 회사가 특별히 디자인한 수제품이다.

애프터눈 티의 하이라이트는 역시나 3단 케이크 스탠드다. 빈티지 느낌이 물씬 나는 접시마다 앙증맞고 다양한 케이크와 샌드위치 등을 층층마다 골고루 담아 서빙된다. 메뉴는 음식 역사학자 타샤 마르크스(Tasha Marks)가 엄선한 것으로 1861년에 출간된 비튼(Isabella Mary Beeton)의 〈비튼 부인의 요리책〉(Mrs. Beeton's Cookery Book)을 토대로 현대 미각에 맞추었다.

비튼 부인의 정통 오이 샌드위치는 물론 빅토리아 시대와 역사적 연관이 깊은 인도의 맛과 향을 품은 인도 햄 샌드위치를 비롯하여 미묘한 허브와 향신료가 어우러져 제각각 맛깔스럽다. 이밖에 감미로운 오렌지 케이크와 레몬 제스트, 캐러웨이(careway) 그리고 양귀비 씨가 든 케이크 등을 포함해 총 10가지를 맛볼 수 있다.

곁들여 나온 찻주전자를 찻잔에 따르자 잘 우러난 찻잎의 은은한 향이 흠씬 풍겼다. 티 종류 또한 다양해 다르질링(Darjeeling), 아삼(Assam), 얼 그레이(Earl Grey), 잉글리시 브렉퍼스트(English

Breakfast), 그 밖에 생강과 레몬, 그리고 엘더플라워(elderflower)와 레몬 맛 허브 티를 선택할 수 있다. 그중에서도 다르질링은 유독 가볍

고 섬세한 맛을 지니고 있어 애프터눈 티와 가장 걸맞은 티로 꼽힌다. 찻잎은 대체로 3~6분 가량 우려내어 마시면 은은하게 풍기는 차향을 흠씬 느낄 수 있다.

클래식 애프터눈 티는 일 인당 대략 4만5천 원, 프로세코를 추가하면 5만원 이다. 좌석 예약은 이메일로만 접수할 수 있으며 애프터눈 티는 매주 일요일 오후 3시에 시작해 5시까지 운영한다.

예술적 정취가 흐르는 모리스 룸에서 애프터눈 티를 천천히 즐기면서 빅토리아 시대에 푹 빠져 보는 시간은 독특한 경험이 아닐 수 없다.

Victoria and Albert Museum
Cromwell Rd, Knightsbridge, London SW7 2RL, England

이탈리아의 달콤한 향기

페루자의 유로초콜릿 페스티벌

EuroChocolate Festival

매해 10월, 이탈리아 페루자(Perugia)에서는 '유로초콜릿 페스티벌'(EuroChocolate Festival)이 열린다. 열흘 동안 개최되는 유럽 최대 규모의 초콜릿 축제에는 세계 각지에서 밀려오는 100만 여명의 초콜릿 애호가들로 대성황을 이룬다. 130여 초콜릿 회사가 참가하여 대향연이 펼쳐진 페루자는 달콤한 초콜릿 향으로 가득 찬 파라다이스로 변한다.

유럽 최대 규모의 초콜릿 축제

페루자는 로마에서 북쪽으로 164km 떨어진 이탈리아 중부에 있는 움브리아(Umbria) 주의 주도로 예술과 문화의 도시다. 해마다 7월은 움브리아 재즈 페스티벌, 10월은 유로초콜릿 페스티벌 등 세계적인 축제가 다채롭게 열려 평온한 중세 도시는 수많은 방문객으로 술렁거린다.

페루자의 역사는 고대 로마보다 훨씬 이전인 기원전 8세기부터 내려오는, 중세 유적들이 고스란히 남아 있는 유서 깊은 곳이다. 해발 493m의 페루자는 봉긋하게 솟은 야산 꼭대기에 올드 타운이 성벽으로 둘러싸여 있으며 고성으로 들어가는 길도 여러 갈래다. 차로 굽이굽이 언덕길을 따라 성곽을 오르거나, 지상으로 달리는 미니메트로(Minimetrò), 또는 지하에서 가파른 에스컬레이터를 몇 번씩 갈아타고 16세기에 조성된 지하 도시를 거쳐 역사적인 올드 타운에 다다른다. 타임머신에서 막 내린 것처럼 눈앞에 보이는 고풍스러운 도심 풍경은 마음을 녹이고 만다.

유로초콜릿 페스티벌은 랜드마크들이 몰려있는 코르소 반누치(Corso Vannucci) 중앙로를 따라 역사가 스민 공간에서 성대하게 벌어진다. 정갈한 흰 텐트는 수십 미터씩 꼬리를 물고 늘어서 온 거리를 메우고 사잇길까지 꽉 들어차있다. 텐트 아래에 자리 잡은 가판대마다 세계 각국에서 참가한 130여 개 초콜릿 회사들의 다양한 제품들로 빼곡할 만큼 축제의 규모는 웅장하다. 초콜릿 애호가들은 도심의 거리를 채운 달콤한 초콜릿 향기에 취해 각양각색의 초콜릿을 맛보며 늦은 저녁까지 흥청거린다.

매년 페루자에서 열리는 유로초콜릿의 향연

유로초콜릿 페스티벌은 1993년 페루자에서 처음 개최되어 유럽 최대 규모의 하나인 초콜릿 페스티벌로 자리를 굳혔다. 23회째 열린 축제는 주중은 오전 10시부터 저녁 8시, 토요일은 밤 11시까지 지속되었다. 입장료와 모든 행사는 무료로 열흘간 진행되었으며 올드타운은 세계 각지에서 몰린 백만여 방문객들의 끊이지 않는 발길로 가득 찼다.

피아짜 노벰브레(Piazza IV Novembre: 11월 4일 광장)의 마조레 분수(Fontana Maggiore) 옆에는 나란히 대형 텐트를 세워 넓은 무대를 설치했다. 이곳에는 2016년 유로초콜릿 페스티벌 로고인 초코셀피(Choco

+

메인 텐트에 전시된 7m 길이의 초대형 초코 셀피(Choco Selfie). 셀피 스틱에는 휴대전화 대신 초콜릿 바가 걸려있다.

Selfie)를 초콜릿으로 만든 7m 길이의 초대형 작품을 전시해 특히 시선을 끌었다. 작품에 사용된 다크초콜릿 무게는 무려 2,720kg에 달했으며 셀피 스틱에는 핸드폰이 아닌 초콜릿 바를 대신 걸어 놓았다.

페스티벌 슬로건은 해시 테그와 콘치(#ConChi), 즉 '누구와 함께'라는, '나눔'에 주된 목적을 두었다. 온갖 종류의 초콜릿 테이스팅, 초콜릿 설명회 등 여러 이벤트와 6유로(약 7,600원) 하는 초코카드(ChocoCard)를 구매하면 무료 시식과 선물, 그리고 특정한 상품 할인 혜택을 받아 행사에 참여하는 쏠쏠한 재미를 더해 주었다.

다음 해 슬로건은 '완전히 다른 음악'(tutta un'altra musica)으로 정하고 음악과 초콜릿의 유대 관계 향상을 주목적으로 삼는다고 한다. 이 색다른 슬로건과 큼지막한 헤드폰의 홍보 포스터가 벌써 눈길을 끌고 있었다.

축제 동안 방문객들을 더욱 즐겁게 해주는 것은 세계적으로 명성 있는 초콜릿 회사들부터 쇼콜라티에 개개인에 이르기까지 별미 초콜릿들을 두루 맛보는 절호의 기회라는 점이다. 이 중 이탈리아에서 가장 유명하고 단연 인기 최고인 페루지나(Perugina)의 대표 상품인 바치(Baci) 초콜릿을 빼놓을 수 없다.

+
바치 오리지널 다크초콜릿.
위가 봉긋하게 올라온 종 모양이다.

사랑의 메시지, '바치' 초콜릿

페루지나는 1907년 파스타 메이커로 이름난 프란체스코 부이토니(Francesco Buitoni)와 여성 사업가 루이자 스파뇰리(Luisa Spagnoli)가 설립했다. 페루자에서 남서부로 6km 떨어진 작은 마을 산시스토(San Sisto)에 공장을 두고 있으며 1922년에 이탈리아를 대표하는 초콜릿 브랜드 바치가 개발되었다. 바치는 이탈리아어로 키스(kiss)를 뜻하며 오리지널 다크, 밀크, 화이트 초콜릿의 세 가지 맛이 전 세계로 수출되고 있다.

바치는 종 같은 모양으로 위가 봉긋하고 헤이즐넛이 통째로 들어있

는 것이 특징이며 초콜릿 전체 중에서 헤이즐넛이 30%를 차지한다. 필링을 보면 다진 헤이즐넛이 듬성듬성 박혀있고 그 위에 헤이즐넛을 올려 다크초콜릿을 두툼하게 코팅을 했다. 다크초콜릿 특유의 씁쓸한 맛이 살짝 감돌면서 고소한 헤이즐넛과 뒤섞여 기막히게 달콤한 맛을 낸다. 아울러 1930년경부터 초콜릿에 불어, 독어, 영어, 스페인어 등 여러 나라 언어로 적힌 사랑의 메시지를 각각 담아 전달하면서 마음마저 녹아내리게 했다. 1988년, 이탈리아의 역사적 브랜드 페루지나는 스위스의 네슬레(Nestlé)사가 인수했으나 바치는 여전히 산시스토에서 생산되고 있다.

페루지나의 바치 이외에 페레로 로쉐(Ferrero Rocher)로 너무나 잘 알려진 페레로, 모디카(Modica) 등 이탈리아의 굵직한 회사들은 일찌감치 세계 초콜릿 시장에 발을 내디뎠다. 그도 그럴 것이 이탈리아는 17세기 초에 유럽에서 선두로 초콜릿이 보급되어 이웃 나라에 전파할 만큼 초콜릿의 역사가 깊다.

이탈리아 초콜릿의 역사

신대륙을 발견한 탐험가 콜럼버스는 1502년에서 1504년 사이에 아메리카를 네 번째 항해할 때 초콜릿의 주된 원료인 코코아 빈(cocoa bean)을 발견한다. 그는 갖은 보물과 함께 코코아 빈을 배에 싣고 스페인으로 돌아와 최초로 유럽에 들여온 것으로 알려졌다.

그 후 1544년, 아스테카(Azteca) 제국을 정복한 스페인 정복자 에르난 코르테스(Hernan Cortès)는 코코아 빈, 초콜릿 만드는 도구, 그리고 레시피를 가져와서 카를로스 1세 국왕에게 대접했다. 스페인 사람들은 아즈텍 원주민과 마야족의 초콜릿 음료인 소콜라틀(xocolatl)에 사용한 계피는 그대로 사용하면서 후추 대신 설탕으로 대치해 씁쌀한 맛을 새롭게 바꾸었다. 스페인에서는 널리 알려진 음료였지만 한 세기가 넘도록 그 사실을 세상에 드러내지 않고 독차지하고 있었다. 그 달콤한 비밀은 1606년, 이탈리아 상인 안토니오 카를레띠(Antonio Carletti)에게 탄로 나고 말았다. 스페인에서 처음 초콜릿을 먹어본 그는 신비스런 맛에 단박에 빠져 버렸다. 안토니오는 초콜릿을 이탈리아에 수입했고 이탈리아인들은 스페인 다음으로 초콜릿 마니아가 되었다. 페루지아를 비롯한 주요 도시마다 작은 초콜릿 공장들이 들어섰으며 그중 페루지아는 이탈리아 초콜릿 월드의 중심부가 되었다.

1678년, 사보이 왕가(Royal House of Savoy)의 승인 아래 토리노

(Torino)에 최초로 초콜릿 하우스를 오픈해 뜨거운 초콜릿 음료를 서빙하기 시작했다. 이탈리아인을 녹여버린 초콜릿은 독일, 오스트리아, 그리고 스위스 등에 전파되면서 초콜릿 역사를 새롭게 쓰는 계기가 되었다.

200여 년 후인 1852년, 미국의 전통 초콜릿 브랜드 기라델리(Ghirardelli) 초콜릿 회사의 창업자이자 컨펙셔너인 이탈리아 태생 도밍고 기라델리(Domingo Ghirardelli)는 물에 잘 용해되는 무지방 코코아 가루를 개발해냈다. 현재 기라델리는 스위스의 린트&스프륑리(Lindt & Sprüngli) 초콜릿 회사 산하이다.

페루자의 오랜 역사, '산드리' 페이스트리 숍

유로초콜릿 페스티벌이 열린 코르소 반누치 중앙로와 11월 4일 광장 앞까지 길게 늘어선 각종 초콜릿 구경에 빠지다 보면 자칫 큰길가의 고혹적인 건물들을 그냥 지나치기 일쑤다. 특히 광장에서 도보로 불과 2분도 채 안 되는 거리에 있는 페루자에서 가장 오래된 산드리 페이스트리(Pasticceria Sandri) 숍을 놓칠 순 없다.

산드리의 창시자 지아코모(Giacomo Schucani)와 카테리나(Caterina) 부부는 스위스를 떠나 그들의 고향과 흡사한 페루자로 이주했다. 1860년 오픈한 산드리 숍은 애초 고급스러운 특정 물품을 비롯해 양념, 사탕 등을 독점 판매했다. 그 후 2세인 아들 클라우디오(Claudio)가 가업을 이어 커피, 리큐어(liqueur) 등을 거래하면서 페이스트리로 발을 넓혔다. 산드리의 오랜 역사를 알고 매장을 다시 보면 여기저기 스위스 국기가 더 많이 눈에 띈다.

+
산드리 페이스트리 숍의 내부. 프레스코화가 그려진 드높은 아치형 천정과 샹들리에가 화려하다.

+
크리스마스와 새해에 먹는 전통 케이크 토르칠리오네(torciglione).
아몬드 페이스트로 만든 케이크를 캔디드 프루츠와 잣으로 장식했다.

산드리 숍은 궁전에 들어선 듯 아치형의 드높은 천정은 프레스코화로 뒤덮여 19세기 풍이 그대로 묻어난다. 더구나 군데군데 매달린 화려한 샹들리에는 대낮을 밝히며 환상적인 공간을 연출한다. 일자형 매장은 묵직한 느낌의 호두나무 패널이 둘러져 있고 갖가지 골동품과 와인으로 가득한 장식장, 그리고 고풍스러운 전통 바도 갖추었다. 대리석 위에 놓인 쇼케이스마다 탐스러운 케이크, 페이스트리, 초콜릿, 샌드위치 등이 빈틈없이 채워져 있다. 바에서는 커피와 스낵을 즐기는 손님들이 드문드문 앉아 있었다.

눈을 홀리는 케이크들이 군침을 돌게 했지만 좀 낯선 동물 모양의 토르칠리오네(torciglione)에 눈이 쏠렸다. 직원 마리아리타(Mariarita Rossi)는 움브리아 주의 아주 각별한 케이크라며 사계절 두루 만드는데 전통적으로 크리스마스이브와 새해에 먹는다고 설명했다. 주재료는 브랜디를 넣은 아몬드 페이스트로, 눈과 입은 설탕 시럽에 조린 과일인 캔디드 프루츠(candied fruits)로 장식하고, 잣을 박아 비늘을 묘사했다. 나선형의 뱀 혹은 장어 모양인 토르칠리오네는 삶과 활력의 우상, 그리고 지속적인 환생의 깊은 뜻을 가진 전형적인 케이크로 긴 세월을 내려온 움브리아 지방 문화의 일부분이기도 하다.

Pasticceria Sandri

Corso Pietro Vannucci, 32, 06100 Perugia, Italy

☎ (+39) 075 572 4112

이탈리아 모던 요리의 대가

미쉐린 스타의 레스토랑

스페인 삼 형제 레스토랑

맛의 소리를 들을 수 있는 레스토랑

세기의 요리 명장

2
장

미쉐린 스타 셰프의 철학을 보다

Chefs Philosophies

이탈리아 모던 요리의 대가

'마시모 보투라'

The No.1 Restaurant in the World

2018년 '세계 50 베스트 레스토랑'(The World's 50 Best Restaurants) 랭킹 1위인 마시모 보투라(Massimo Bottura) 셰프. TV에서 처음 본 마시모는 젊은 셰프들의 가슴을 두드리며 '너의 열정을 보라'고 격려했다. 그 말을 듣는 순간 내 가슴은 뜨겁게 닳아 오르고 그를 꼭 만나 보고 싶었다. '한국인들에게 마시모의 열정을 보여달라'는 이메일을 서둘러 보낸 지 몇 개월 후, 나는 흥분감을 감추지 못하고 월드 톱 셰프 마시모를 만나기 위해 이탈리아로 떠났다.

명성의 오스테리아 프란체스카나

2008년 이래 방영되는 영국 BBC TV의 '마스터셰프 프로페셔널'(Master Chef: The Professionals)은 현직 셰프들이 6주 동안 경합을 벌이면서 최고의 셰프를 뽑는 인기 프로그램이다. 출전한 셰프들은 고난도 기술을 발휘해 걸작 요리를 만들고 우열을 가늠하기 힘든 치열한 경합 끝에 영예의 우승자가 탄생한다. 매해 준결승에 오른 세 명의 셰프들은 어려운 관문 중 하나인 세계에서 손꼽히는 레스토랑에 가서 실습을 겸한 요리 경합을 벌인다. 2014년에는 '세계 50 베스트 레스토랑'(The World's 50 Best Restaurants) 3위를 차지한 마시모의 레스토랑 오스테리아 프란체스카나(Osteria Francescana)에서 실습을 겸한 요리의 경합을 벌였다.

마시모는 세 명의 준결승 셰프들에게 손수 요리를 만들어 보이더니 영감을 주제로 창작 요리를 연출하라는 기막힌 요구를 했다. 잠재한 셰프들의 기량을 끄집어내던 마시모. 그는 시대의 첨단을 걷는, 즉 아방가르드(avant-garde: 예술, 문화 등 새로운 경향이나 운동을 선보인 작품 또는 사람을 지칭함)와 현대 예술을 절묘하게 결합한 요리를 탄생시킨 셰프다.

1995년 첫 문을 연 오스테리아 프란체스카나 레스토랑은 '세계 50 베스트 레스토랑' 순위에서 2009년에 13위에 오르고 나서 4년 만에 3위를 기록했다. 또한, '기드 미쉐린'(Guide Michelin)이 선정한 미쉐린 스타(Michelin star)를 세 개나 받았다. 어느 대도시에나 있을 법한 명성 높은 오스테리아 프란체스카나는 다름 아닌 마시모의 고향인 모네나(Modena)에 있다. 이탈리아 북부에 있는 모데나는 인구 20여 만의 작은 중세 도시로 볼로냐(Bologna) 공항에서 차로 40여 분 거리에 위치한다. 그럼에도 세계의 미식가들이 오스테리아 프란체스카나를 찾아 모데나로 모여든다. 더욱이 좌석은 28개뿐인지라 테이블 예약을 사전에 서둘러야 한다.

마시모 보투라는 누구인가

1962년 9월 30일 모데나 태생의 마시모 셰프. '모던 이탈리아 요리의 최고 대가'로 불리는 그의 인생행로는 매우 이색적이다. 어릴 때부터 마시모는 부엌에서 어머니와 할머니가 식사 준비하는 것을 지켜보며 유독 요리에 관심이 많았다. 석유 도매업자인 부모님 밑에서 자란 그는 아버지 말씀대로 12세기에 세워진 역사 깊은 모데나 대학에서 법학을 공부했다. 두 학기를 마친 그는 자신의 천직이 아니라는 것을 깨달았다. 1986년, 형 파올로(Paolo)를 통해 모데나 외곽의 한 트라토리아

(trattoria: 이탈리아식 식당)를 인수한 마시모는 학업을 중단한다. 일주일간의 공사를 마친 후 트라토리아 캄파쪼(Trattoria del Campazzo)라는 첫 식당을 열었고 어머니의 도움 아래 그는 직접 요리를 하기 시작했다. 그 후 오늘날의 마시모를 만들어 준 여러 셰프를 운명적으로 만나게 된다.

식당 운영과 주방의 기본 기술을 처음 가르쳐 준 리디아(Lidia Cristoni), 그리고 피아첸차(Piacenza: 이탈리아 북부에 있는 도시)로 떠난 마시모는 죠르지(Georges Coigny)에게 수습생으로 요리의 기초를 배운다. 두 개의 미쉐린 스타를 받은 프랑스 셰프에게 사사한 죠르지에게 이탈리아 전통 지방식 요리와 프랑스 오트 퀴진(haute cuisine: 고급요리)을 결합시킨 훈련을 받는다. 훗날 마시모는 어떻게 요리하고, 또 어떻게 꿈을 꾸는가를 죠르지를 통해 배웠다고 토로한다.

또한, 마시모는 1994년 모나코의 파리 몬테카를로 호텔(Hôtel de Paris Monte-Carlo)에 있는 르 루이 15세(Le Louis XV) 레스토랑의 알랑 뒤카스(Alain Ducasse)에게 완벽한 기술을 연마한다. 알랑 셰프는 현재 21개의 미쉐린 스타를 보유하고 있으며 르 루이 15세 레스토랑은 2005년도에 미쉐린 스타 3개짜리를 받은 세계 최고 레스토랑이다. 마시모가 일을 마치고 떠날 때, 뒤카스는 마시모의 필기 공책을 찢으며 말했다. “너는 더 이상 이 공책이 필요 없다. 모든 것은 이미 네 안에 있다.” 이 한 마디는 마시모에게 가장 소중한 조언이었다.

2000년 여름, 세계 최고의 신화를 만든 엘 불리(El Bullí) 레스토랑의 스페인 태생 페란 아드리아(Ferran Adrià)를 만난 마시모는 현대적 요리세계에 눈을 뜨며 한계를 초월하는 멋진 요리 경험을 한다. 여러 구상을 요리로 끌어들이도록 가르친 아드리아의 영향력은 마시모의 상상의 세계를 더욱 넓혀주었다.

오스테리아 프란체스카나를 오픈한 1995년. 마시모는 그때부터 미쉐린 스타를 꿈꾸기 시작했다고 한다. 그로부터 7년이 지난 2002년, 첫 미쉐린 스타 1개를 받았고 2006년엔 2개짜리, 그리고 마침내 2011년 최고의 별 3개짜리를 거머쥐는 영광을 차지했다.

마시모의 요리 철학

"내 요리는 진화하는 전통이다."(My cuisine is the tradition in evolution.)

마시모의 말처럼 그의 요리 철학은 남다르게 고집스러운 색깔이 있다. 그는 천년왕국 이탈리아의 맛의 유산과 전통을 다른 관점으로 볼 수 있게 요리에 반영했다. 아울러 아이디어를 구상하면서 분해, 변형, 재현을 통한 '진화하는 전통' 요리로 거듭나게 한다. 그리고 이탈리아 음식 문화와 우수한 재료의 생산자들인 농부, 어부 등 모두에게 최고의 경의를 표한다. 그중 마시모가 가장 아끼는 재료는 파르메산 치즈(Parmesan cheese)로 불리는 이탈리아의 파르미자노 레자노(Parmigiano Reggiano)이다. 파르메산 치즈의 원산지는 에밀리아 로마냐(Emilia-Romagna) 주에 있는 작은 도시 파르메산(Parmesan)으로 모데나에서 북서쪽으로 불과 50여km 떨어져 있다. 마시모에게 파르메산 치즈는 단지 치즈가 아니다. 살아 숨 쉬는 에밀리아 로마냐의 풍경화, 이탈리아인의 DNA 한 부분, 그리고 이탈리아 요리의 초석이다. 파

\+
불어로 세계에서 위대한 레스토랑과 품질이라고 쓰인 작은 간판들을 내걸은 오스테리아 프란체스카나 레스토랑 건물 앞 마시모 보투라 셰프

"My cuisine is the tradition in evolution."

르미자노 레자노 명칭은 유럽에서 원산지 명칭 보호를 받고 있어 파르마 지방에서 생산된 것만 사용할 수 있다. 무려 4년 된 치즈도 있어 숙성 연도에 따라 요리의 다양한 맛과 질감을 주는 치즈 본연의 고유한 맛의 느낌을 마시모는 극찬한다.

'기대를 능가하라'는 슬로건을 내건 그가 유럽의 경제 위기를 겪으면서 고집했던 한 가지, 바로 품질만이 극복할 수 있다는 생각뿐이었다. 생산자들은 마시모가 최우수 품질의 재료만 원하는 것을 알고 있기 때문에 그는 값진 재료의 가격을 흥정하지 않는다. 왜냐하면 맛으로 성공해야만 사회에 돌려 줄 수 있는 유일한 길이라고 믿기 때문이다.

마시모의 독특한 요리 방법 중 하나는 자신의 기억, 영감, 꿈을 접시에 연출하는 것이다. 예로 그가 만난 귀한 세프들, 어릴 적 기억 속의 할머니 등등이 추억의 맛이 깃든 요리를 만드는 원천이기도 하다.

세 번째 미쉐린 스타를 받고 난 다음 해인 2012년 여름, 새 단장을 마친 레스토랑과 함께 마시모는 '현대 예술과 아방가르드 요리'라는 모토를 갖고 요리의 신세계를 다시 활짝 열어 보였다.

요리 귀재의 그 맛을 보다

마시모 셰프를 만나기 위해 히드로 공항을 이륙한지 두시간 후, 나는 볼로냐 공항에서 모데나행 직행버스를 탔다. 전동버스들이 오가는 한적한 모데나 시내 거리는 빗속에 한없이 평온하게만 느껴졌다. 이틀 후 있을 오스테리아 프란체스카나에서의 점심 식사와 오후 5시에 약속된 마시모와의 인터뷰 생각에 은근히 흥분되었다.

예약된 오후 12시 30분보다 조금 이르게 레스토랑에 도착하니 마침 건물 밖에 마시모가 신문 서너 개를 들고 서 있었다. 반갑게 인사를 나누고 나자 그는 자신의 기사가 실린 신문들을 내게 펼쳐 보였다.

모데나 중심부에 있는 4층짜리 레스토랑 건물은 엷은 살구색 외벽이 층마다 오르며 점점 흐려진다. 출입구까지 가까이 가야 보일 듯 말 듯 작게 쓴 레스토랑 이름, 그리고 세계에서 위대한 레스토랑과 품질이라고 불어로 된 작은 간판들이 보인다. 육중한 철문을 열어주던 검은 양복 차림의 종업원들만 없었더라면 꼭 아트 갤러리에 온 듯 했다. 곳곳에 세워진 조명은 벽마다 걸려 있는 현대 미술 작품과 조형물을 환히 비추고 묵직한 나무로 처리된 천정은 중후한 실내 분위기를 색다르게 낸다.

+
2011년 베네치아 비엔날레에서 마씨모가 구입한 이탈리아 예술가 마우리치오 까뗄란(Maurizio Cattelan)의 두 작품이 복도 한 편에 놓여 있다.

출입문 안쪽의 널찍한 공간 양옆으로 크고 작은 규모의 공간 세 개로

구성되어 둥근 테이블들이 몇 개씩 놓여 있다. 두툼한 밤색 카펫이 깔린 바닥까지 내려오는 흰 테이블보는 모던한 조명등이 내리비쳐 더욱더 하얗다.

'포(Po: 이탈리아 북부를 흐르는 가장 긴 강) 강을 헤엄쳐 오르는 뱀장어, 포도밭의 달팽이, 트러플(truffle: 서양 송로라는 최고급 버섯 종류)이 되려고 기다리는 감자….'

메뉴를 펼치자 몇몇 요리 제목들은 마치 시를 읊는 듯했다. 메인 코스 요리인 고기나 생선 등의 가격은 보통 한 접시당 40~60유로(약 6~9만 원)이며 와인 페어링(wine pairing)은 요리의 코스에 따라 다르지만 70~140유로(약 10~20만 원)이다. 와인 페어링이란 '짝을 짓는다'는 뜻처럼 요리와 와인의 찰떡궁합을 가리킨다. 각기 다른 요리마다 소믈리에가 권하는 와인과 함께 향상된 음식의 맛을 한껏 즐기는 것이다.

식사가 나오기 전, 먼저 은으로 된 용기에 담은 4등분 한 따끈한 통밀빵을 모데나 산 발사믹 비네거와 토스카나(Toscana) 산 올리브오일과 함께 권한다. 또한, 다양한 미니 롤빵과 길고 가느다란 브레드 스틱인 그리씨니(grissini)를 식사와 곁들인다. 첫 애피타이저로 나온 미니 마카롱은 모차렐라 치즈와 소금과 올리브오일에 절인 멸치의 간간한 맛을

느낄 듯 말 듯 한, 균형 잡힌 정갈한 맛이었다. 식사하는 동안 마시모는 세 번씩이나 테이블을 돌며 열의에 찬 목소리로 손님들에게 요리를 직접 설명했다.

요리가 담겨 나오는 흰색 접시는 깔끔하게 음식 색을 돋우고 요리에 걸맞게 접시 모양은 하나같이 달랐다. 요리마다 새 스푼과 포크로 매번 갈아 주는 섬세함, 그리고 테이블에 앉은 손님 수만큼 웨이터들이 동시에 요리를 서빙하는 모습이 인상적이었다.

때마침 22가지 재료로 만든 소스를 두른 시저 샐러드를 먹고 있는데 마시모는 내게 22가지의 소스 맛이라는 것을 믿을 수 있겠냐고 했다. 나는 웃으면서 "아직도 다 세질 못하고 있다."라고 대답하면서 '역시 당신은 맛의 귀재야'라는 말만 입안에서 빙빙 돌았다.

장장 세 시간에 걸친 긴 점심 후 나는 디저트 만드는 것을 보기 위해 주방으로 안내받았다. 점심 준비를 다 마친 주방을 정돈하는 셰프들 사이를 지나자 한 작업대 앞에 타카히코(Takahiko Kondo) 셰프가 이미 만들 준비를 해놓았다. 9년간 마시모와 일한 타카히코는 가장 궁금하고 기다렸던 '이크, 레몬 타르트를 떨어뜨렸네!'(Oops, I dropped the lemon tart!)라는 디저트를 실연해 보였다. 이 디저트는 한 셰프가 실수

+
마시모의 독특한 요리 기법 중 하나인 '위장'. 멀릿(mullet: 숭어과 생선) 생선 살 위에 얇은 빵으로 바삭한 생선 껍질을 대신하고 마치 알록달록한 물고기처럼 보이게 의도적으로 꾸민 그의 위장 기법. 멀릿으로 만든 진한 소스가 맛깔스럽게 당긴다.

로 레몬 타르트를 떨어뜨려 박살 난 것을 본 마시모가 기발한 아이디어로 개발한 오스테리아 프란체스카나를 대표하는 디저트 중 하나이다. 타카히코는 핀셋으로 접시 위에 파편을 묘사한 작은 조각들을 하나하나 접시 위에 놓고 멀쩡한 타르트를 엎어 깨는 것까지 거꾸로 재현해냈다. 타르트를 담는 그릇 역시 깨진 유형의 접시를 사용해 시각적, 미각적으로 완벽한 디저트를 연출해 냈다.

그날 나는 애피타이저를 시작으로 마지막 디저트 레몬 타르트까지 모두 13가지의 코스 요리를 먹으며 더 할 나위 없이 귀중한 경험을 했다.

Osteria Francescana
via Stella 22, 41121 Modena, Italy
☎ (+39) 059 210118

또 다른 야망, '프란체시따 58'

2011년 마시모는 그의 두 번째 야망인 레스토랑 '프란체시따(Franceschetta) 58'을 모데나에 열었다. 지방색이 진한 이탈리아의 맛을 보이겠다는 마시모의 컨셉이었다. 격식 없이 편안하게 간단한 식사를 할 수 있는 브라세리(brasserie: 프랑스식 바 레스토랑)인 프란체시타 58은 가격도 메뉴당 9~12유로(약 1만 2천원에서 1만 8천원)이며 양도 많지 않아 부담 없이 즐긴다.

프란체시따 58은 모데나 출신인 마르타 풀리니(Marta Pulini) 셰프가 전적으로 맡고 있다. 뉴욕의 비체(BiCE) 레스토랑에서 수석 셰프로 근무한 마르타는 1991년에 프랑스의 '고 엔 미오'(Gault & Millau)가 수

여하는 미국 최고 이탈리아 셰프(Best Italian Chef in America) 상과 올해의 최고 여성 셰프(Best Female Chef of the Year) 상을 1999년도에 받는 등 화려한 수상 경력을 지닌 셰프다. 뉴욕에서 만난 마시모의 제안을 받은 그녀는 15년간의 미국 생활을 마치고 고향으로 돌아왔다.

중세풍 건물들 사이에서 확연히 눈에 띄는 직사각형의 레스토랑 구조는 물론 실내 공간도 앞서가는 젊은 스타일로 모던하다. 실내에 들어서면 길고 좁다란 공간에 늘어선 테이블 위마다 놓인 그릇이나 유리 컵들이 모두 하나같이 달라 아주 이색적이다. 칼, 스푼 등은 머그에 꽂은 채 테이블에 내오거나 천을 두른 작은 화분 같은 그릇에 빵을 가득 담는 재치 있는 센스가 눈을 즐겁게 한다. 마르타가 저녁 식사로 추천한 세 가지 요리를 마친 후 나는 피스타치오를 넣어 만든 머랭과 바닐라 아이스크림을 디저트로 입안을 달달하게 마무리했다.

Franceschetta 58
via Vignolese 58, 41124 Modena, Italy
☎ (+39) 059 3091008

마시모 인터뷰

레스토랑과 연결된 옆 건물의 마시모 작업실은 마치 실험실처럼 실험 도구가 돌아가고 낮은 책장에는 유별나게 많은 책이 꽂혀있었다. 책을 유독 좋아한다는 마시모는 집에도 책이 엄청 많다며 벌떡 일어나 책 한 권을 끄집어 펼쳐 들었다. CD가 아닌 옛날 레코드판 1만 2천여 개를 그것도 알파벳 순서로 놓인 위치까지 안다는 마시모. 음악과 예술을 사랑하는 그의 뜨거운 감성을 인터뷰하면서 더 가까이에서 느껴 보았다.

죠르지 코이니(Georges Coigny)와 첫 견습 기간을 보냈으며 훗날 페란 아드리아(Ferran Adrià)와 알랑 뒤카스(Alain Ducasse) 셰프들을 만나면서 자신의 경력이 시작되었다. 본인에게 어떤 영향을 준 셰프들인가?

"코이니는 내게 엄마 같은 셰프였다. 음식의 맛, 미각을 깨우쳐줬다. 페란은 프랑스 요리의 테크닉과 맛을 이해시켜주었다. 뒤카스는 '요리의 집착성'을 강조한 대단한 프로페셔널한 셰프로 내게 중요한 요리들을 가르쳤다. 그들 모두 내게 생각의 자유를 준 훌륭한 셰프들이다."

만약 이런 셰프들을 만나지 않았다면 어떤 일을 했을 것이라고 생각하나?

"당연히 오일 사업을 하는 아버지 일을 했을 것이다. 그리고 돈도 많이 벌었겠지만 열정이 없는 직업이었을 것이다."

오스테리아 프란체스카나를 열던 1995년에 미쉐린 스타를 꿈꾸지 않았는가? 그리고 2011년에 세 번째 미쉐린 스타를 받았다. 당시 느낌이 어땠는가?

"미쉐린 스타들을 획득하는 길은 멀고도 고되었다. 희생, 절제력 그리고 꿈의 대가였다. 과거가 없는 미래는 없다. 과거는 위대하다. 지난 과거가 떠올랐고 대단한 만족감을 느꼈다."

당신처럼 성공한 커리어를 꿈꾸는 사람들에게 조언을 부탁한다.

"내 인생을 요리하는 3가지 재료는 여행, 열정, 꿈이다. 세상을 여행하면서 보는 눈을 넓게 열어라. 흥미를 갖는다는 것은 바로 열정이다. 그리고 꿈을 믿어라. 나는 항상 젊은 셰프들에게 '불가능한 것은 없다'(Impossible is nothing.)고 자신 있게 말한다."

일할 때 당신은 어떤 셰프라고 평가하나?

"(크게 웃으며) 어떨 것 같은가? 22~24명의 셰프가 일하는데 나는 평정을 잃지 않고 화도 잘 안 낸다. 아마도 모든 작업이 잘 제어되기 때문이 아닌가 싶다."

일하면서 가장 좋아하고 가장 싫어하는 태도가 있다면?

"가장 좋아하는 것은 겸손이다. 겸손하지 않으면 배울 수 없다. 거만은 한갓 보잘것없는, 인생에서 버려야 할 태도이다. 거만 대신 뜨거운 열정을 가져라."

2009년 서울에서 열린 '어메이징 코리안 테이블'(Amazing Korean Table)에 참여한 4명의 셰프 중 한 명이었다. 모데나의 발사믹 식초를 이용한 바비큐 등을 개발해 선보였다. 한국 방문 중 기억에 남는 것은 무엇인가?

"(고조된 목소리로) 한국 방문은 최고의 경험이었다. 많은 양념과 마늘을 넣어 만드는 이탈리아와 한국 요리가 아주 비슷한 것을 알게 되었다. 특히 고추장과 된장은 대단히 흥미로운 재료이다. (활짝 웃으며) 야시장에서 새벽 2시에 바비큐를 맛있게 먹었던 기억이 생생하고 무척 재미있었다."

Epilogue

"나는 항상 배운다."라는 마시모. 그의 배움은 멈추지 않는다. 현대 예술과 아방가르드 요리를 독창적으로 창안하는 마시모의 요리에는 이탈리아의 깊은 뿌리가 있다. 지금도 그는 '무엇이 진정한 이탈리아 맛인가?'라고 스스로 묻는다. 자신이 좋아하는 일을 하고 무언가 해야 한다는 것만으로 행복한 마시모는 랭킹을 위해 일하지 않는다고 말했다. 2016년과 2018년, 그는 세계 50 베스트 레스토랑이 선정한 1위에 두 번이나 선정되었다. 마시모와 헤어지면서 '네 꿈을 움직여라'는 한 문구를 새삼스럽게 떠올렸다.

22

21개의 미쉐린 스타

'알랭 뒤카스'와 '루이 15세-알랭 뒤카스' 레스토랑

Le Louis XV- Alain Ducasse Restaurant in Monaco

최고의 맛을 보여주는 세계적인 미쉐린 스타 셰프 알랭 뒤카스. 대대적인 찬사를 아낌없이 받는 그는 현재 21개의 미쉐린 스타와 세계 여러 나라에 24개의 레스토랑을 소유한 오너이자 셰프다. 또한 '최초'라는 기록과 함께 미쉐린 스타를 거머쥔 알랭의 이름 앞에는 늘 거창한 수식어가 붙는다.

6월 마지막 날, 모나코의 호텔 드 파리(Hôtel de Paris)에 있는 미쉐린 스타 3개인 '루이 15세-알랭 뒤카스' 레스토랑을 찾아갔다. 그곳에는 기막힌 요리의 변주곡을 연주하는 셰프들의 대향연이 펼쳐지고 있었다.

꿈속의 궁전 같은 레스토랑

세계적인 셰프들은 알랭 뒤카스(Alain Ducasse)에 대해 말하곤 했는데, 알고 보니 알랭의 레스토랑을 거쳐 명성을 떨치고 있는 셰프들이 한두 명이 아니었다. 창의적인 프랑스 요리의 다양성을 통해 사람들을 놀라운 미각의 세계로 끌어들이는 알랭 뒤카스 셰프.

나는 감히 요리의 대명사 알랭 뒤카스를 만나 보겠다며 취재 요청을 시도했다. 성사될지 반신반의했지만, 역시나 인터뷰는 불가능하다는 루이 15세-알랭 뒤카스(Le Louis XV- Alain Ducasse) 레스토랑 홍보 매니저 마농(Manon Fays)의 실망스러운 답변을 받았다. 그대신 그녀는 페이스트리 셰프와 헤드 셰프 두 사람의 인터뷰를 적극 추천하며 루이 15세-알랭 뒤카스 레스토랑 방문을 제안했다. 언제나 그랬지만 취재 날짜가 확정되기 전까지 몇 개월은 살얼음 위를 걷는 듯했다. 더군다나 마농은 내 취재가 실릴 '파티시에' 잡지를 직접 보겠다며 보내달라는 전례 없는 요청을 해 온 깐깐한 매니저였다. 그리고 두 달 후, 드디어 나는 모나코로 향했다.

프랑스 남동부에 있는 세계에서 두 번째로 작은 나라 모나코. 지중해 연안의 도시국가인 모나코에는 공항이 없기 때문에 20여km 떨어진 니스(Nice) 공항을 이용해야 한다. 루이 15세-알랭 뒤카스 레스토랑은 몬테카를로(Monte-Carlo: 모나코를 구성하는 10개 행정구 중 하나)의 5성급 최고급 호텔 드 파리(Hôtel de Paris) 1층에 있다. 모나코의 아이콘인 흰색의 4층 건물은 시원하게 펼쳐진 지중해가 한눈에 들어오는 몬테카를로의 심장부에 자리한다. 1863년, 모나코 왕자 샤를 3세(Charles III)의 후원을 받은 SBM(Societe des Bains de Mer: 모나코 최대 리조트 회사) 그룹이 호텔을 세웠다. 이뿐만 아니라 호텔 앞 광장 옆에 나란히 있는 유명한 몬테카를로 카지노와 오페라 하우스 역시 SBM 그룹의 소유다.

'루이 15세-알랭 뒤카스' 레스토랑의 대향연

150여 년 된 호텔 드 파리의 깊은 역사는 로비로 들어서는 나무 회전문에서 느낄 수 있다. 로비 정면에는 말을 탄 루이 14세의 동상이 놓여 있는데 말 오른쪽 다리가 유난히 닳았다. 그 이유는 카지노 가기 전에 말 다리를 문지르면 행운이 온다는 재미난 통설 때문이다. 대리석 바닥재가 깔린 호화로운 궁전으로 미끄러지듯 들어서면 고풍스러운 돔 형식의 천장이 압도적이다. 천장의 스테인드글라스를 통해 빛이 쏟아지고 중앙에 매달린 거대한 샹들리에는 꽃들이 꽂힌 화병까지 닿을 듯 말 듯 내려온다.

+
고풍스런 돔 형식의 천장과 대리석 바닥재가 깔린 호화스런 궁전스타일의 호텔 드 파리의 로비. 루이 14세가 탄 말의 오른쪽 다리가 유난히 닳아 빛난다.

정문 바로 오른쪽으로 세계 최고의 호텔 레스토랑 중 하나인 루이 15세-알랭 뒤카스 레스토랑 입구가 보인다. 1987년 5월 22일에 오픈한 호사스러운 레스토랑의 인테리어는 프랑스 왕궁의 다이닝 룸 같아 입이

딱 벌어질 정도로 탄성이 절로 나온다. 높은 천정과 사방에 그려진 벽화, 8개의 샹들리에, 그리고 베르사유 궁전의 루이 15세가 만족했던 바로크 양식의 테이블 의자들로 꾸며져 웅장하고 휘황찬란하다. 실내 중앙에 놓인 어마하게 큰 화병에 꽂힌 화려한 꽃은 매주 목요일마다 로비와 똑같은 소재로 바꿔 조화를 이룬다. 푹신한 베이지색 카펫에 놓인 다이닝 테이블들은 근 두 시간에 걸쳐 완벽한 세팅을 마친다.

약속한 오전 열 시에 만난 홍보 매니저 마농은 지하에 있는 주방을 두어 번 오가며 정확한 시간에 맞춰 안내했다. 주방은 5명의 페이스트리 셰프를 포함한 25명의 셰프들이 두 시간 후의 식사 준비에 매우 분주했다. 마농은 철두철미했다. 페이스트리 셰프 상드로(Sandro Micheli)가 만드는 디저트는 물론 셰프들과 레스토랑 사진 찍는 것까지 식사 시간 이전에 빈틈없이 마칠 수 있도록 옆에서 도왔다.

낮 12시가 좀 지나자 예약된 손님들이 테이블을 속속 채우기 시작했다. 20명의 웨이터들은 총지배인 미셸(Michel Lang)의 지휘 아래 테라스의 20석과 실내 50석의 테이블 사이를 오가며 극진한 서비스를 한다. 별천지에 와 있는 듯 테라스에서는 광장의 정경을, 실내에서는 왕궁의 분위기를 한껏 즐기며 맛의 세상으로 깊게 빠져든다. 선임 소믈리에 노엘(Noel Bajor)은 와인 저장고에 비치된 4만여 개의 와인 중에서 선별한 와인과 샴페인을 공개적으로 시음한 후 손님들에게 제공한다.

+
얇은 과자 위에 호박 잎과 애호박 등이 프린트 된 것처럼 미세하게 보인다. 전채요리 전에 서빙한 아삭한 과자

테이블의 작은 장식부터 요리가 담긴 그릇 하나하나는 유명한 그릇 공예 작가들의 솜씨로 탄생한 명품으로 요리의 진미를 느끼게 한다. 특히 디저트는 벨기에 도예가 피터 스톡맨스(Pieter Stockmans)가 디자인한 작품인, 연한 파란색과 흰색으로 된 접시에 담아낸다.

상드로 셰프가 만든 '산딸기와 레몬 타임 크림' 디저트는 허브인 레몬 타임(lemon thyme)을 넣은 마스카르포네(mascarpone: 이탈리아 치즈)가 신선한 산딸기와 어우러진다. 곁들인 산딸기 맛 그라니타(granita: 셔벗 같은 시칠리아식 아이스크림)가 상큼하게 입안을 자극한다.

전 세계 알랭 뒤카스의 레스토랑 메뉴에 꼭 들어가는, '진정한 요리법'이라는 알랭의 요리 철학의 정수를 보여주는 별미 중 별미인 쿡포트(cookpot). 레스토랑마다 그 지역에서 자란 계절 채소들을 이용해 만드는 것이 특징이다.

완두콩 새싹과 완두콩, 야생 버섯을 곁들인 가자미 요리, 또 다른 도미 요리 역시 완벽하게 익힌 속살이 너무 부드러워 두고두고 그리워할 맛이다. 이런 맛을 내기 위해 나는 당연히 수비드 요리법(sous-vide cooking: 저온 진공 조리법)을 이용한 것이라고 생각했다. 식사 후 가진 헤드 셰프 도미니크(Dominique Lory)와 인터뷰 때 요리법에 대해 질문하자 그의 답은 의외였다. 놀랍게도 어떤 특수 조리법도 사용하지 않으며 단지 최상품의 재료와 최고의 신선도가 주재료라고 했다.

+
쿡포트(cookpot)

미쉐린 스타 3개인 화려한 요리의 진수를 맛보는 정찬 가격은 만만치 않다. 8개의 코스 요리 가격은 360유로(약 47만원)이며 개별 메뉴로 애피타이저, 메인, 디저트를 주문할 경우는 최소한 200유로(약 28만원) 이다. 고급스럽게 인쇄된 각자의 식사 메뉴는 손님들이 기념으로 갖고 갈 수 있도록 테이블마다 놓여 있다. 예약은 필수이며 드레스코드는 정장으로 남자는 넥타이와 재킷을 입어야 한다.

꿈꾸는 셰프의 별, 미쉐린 스타

세계 레스토랑 오너인 셰프들의 절실한 꿈인 미쉐린 스타. 그들이 가장 갈망하는 기드 미쉐린 스타의 유래는 1세기가 넘는다. 기드 미쉐린(Guide Michelin)은 영어로 미쉐린 가이드(Michelin Guide) 혹은 별칭대로 빨간 책자인 레드 가이드(Red Guide)라고도 한다.

1900년, 프랑스 타이어 회사 미쉐린을 설립한 앙드레 미쉐린(André Michelin)과 에두와(Édouard) 형제는 자동차에 관련한 무료 안내 책자를 고객에게 제공하면서 기드 미쉐린은 출발한다. 1926년, 최초로 미쉐린 스타 한 개를 레스토랑에 주기 시작했으며 1931년에는 별 한 개에서 세 개까지의 등급이 소개되었다. 스타의 등급 기준은 1936년에 발표되었는데 스타 한 개는 해당 분야에서 매우 좋은 레스토랑, 두 개는 훌륭한 요리와 재방문할 가치가 있는 곳, 그리고 세 개는 이례적일 정도로 특출한 요리로 특별히 찾아갈 만한 가치가 있는 곳으로 규정했다.

기드 미쉐린은 유럽의 호텔과 레스토랑을 소개한 가장 오래된 잡지로 세계 도시의 맛집 가이드로서 스타 등급을 부여한다. 평가하는 방식은 손님으로 가장한 전문 심사원들이 암행으로 레스토랑을 방문하는데 그 횟수는 밝히지 않는다. 여러 번에 걸쳐 요리를 시식한 뒤에 작성한 보고서를 토대로 신뢰 있는 심사원들의 엄격한 판정으로 평점이 스타로 주어진다. 매해 한 번 프랑스뿐만이 아닌 미국, 일본, 홍콩 등지와 유럽 다수의 나라 독일, 이탈리아, 스페인 등지에서도 각 나라 도시의 미쉐린 레스토랑을 소개하는 책자를 출간하고 있다.

하늘의 별 따기만큼이나 어려운 미쉐린 스타. 영예로운 그 가치는 무척이나 높이 평가된다. 2009년 기드 미쉐린 프랑스판을 한 예로 보면 총 3,531개의 레스토랑 중 548군데에서 스타를 받았다. 그나마 스타 두 개는 73곳, 세 개는 26곳의 레스토랑에 주어졌을 뿐이다. 별을 따려는 셰프들의 갈증 나는 탐욕은 어찌 보면 최고를 향한 그들의 필사적인 노력의 실증이다.

미쉐린 레스토랑에 매료된 미식가들의 뜨거운 열기는 식을 줄 모른다. 하늘을 찌르는 높은 음식 가격임에도 불구하고 몇 개월은 물론 심지어는 일 년을 앞서 자리를 예약해야만 한다. 2018년 최다 31개의 미쉐린 스타를 보유한 셰프는 '세기의 셰프'라 불리는 프랑스의 조엘 로뷔숑(Joël Robuchon) 셰프이다.

맛의 세계를 점령하는 셰프들

세계적인 루이 15세-알랭 뒤카스 레스토랑 주방은 셰프들의 훈련소나 다름없다. 셰프들은 이곳을 거쳐 세계 각지에 있는 알랭의 주방으로 파견되니 그 원천지인 셈이다. 30여 명의 쟁쟁한 셰프들과 호흡을 같이 하는 역동적인 두 젊은 셰프인 헤드 셰프 도미니크와 페이스트리 셰프 상드로를 만나 인터뷰했다. 그들의 쏟아붓는 정열을 가까이 느꼈던 시간, 먼저 두 셰프의 굵직한 경력을 소개한다.

페이스트리 셰프 상드로 미쉘(Sandro Micheli). 프랑스 남동쪽에 있는 소도시 벨포트(Belfort) 태생으로 1976년생이다. 14세에 청소년 요리학교의 훈련생으로 첫발을 내디뎌 4년간 요리 과정을 이수했다. 1997년, 프랑스 리옹(Lyon)에 인접한 미쉐린 스타 3개인 폴 보퀴즈(Paul Bocuse)의 폴 보퀴즈 레스토랑(Restaurant Paul Bocuse)에서 페이스트리 셰프로 일하며 본격적인 페이스트리의 토대를 쌓았다. 폴 보퀴즈는 '누벨 퀴진

(nouvelle cuisine)에 관련된 가장 중요한 셰프다. 그는 새롭게 불러일으킨 개혁으로 역사상 가장 위대하고 탁월한 셰프 중 한 사람이라는 극찬을 받았다. 또한, 미국의 유명한 요리학교 CIA(Culinary Institute of America)는 지난 1세기 동안 세계 최고의 셰프로 폴 보퀴즈를 지목하며 '20세기 최고의 셰프'로 선정하기도 했다.

상드로는 그 후 다니엘 불뤼(Daniel Boulud) 셰프가 뉴욕에서 운영하는 미쉐린 스타 3개의 다니엘 불뤼 레스토랑에서 페이스트리 부주방장(sous chef)을 5년간 맡았다. 2005년, 미쉐린 스타 3개를 보유한 알랭 뒤카스의 에식스 하우스(Essex House)에서 일할 때 상드로는 그의 인생에 가장 영향력을 끼친 수석 페이스트리 셰프 니콜라 베르제(Nicolas Berger)를 만난다.

루이 15세-알랭 뒤카스 레스토랑에서 일하기 시작한 지 수 년째. 그동안 거쳐온 최고급 레스토랑에서의 실전 경험을 통해 상드로는 전통적인 유럽의 유별난 기술들을 터득했다고 술회한다.

요리 전문지 'StarChefs.com'(스타셰프닷컴)이 수여하는 '떠오르는 스타 페이스트리 셰프'(Rising Star Pastry Chef)로 2008년에 선정된 상드로 셰프. 그의 요리 스타일은 프랑스식 기교와 전통을 바탕으로 창조된 '놀라움과 기쁨을 동반한 요리'라는 평가를 받고 있다. 순수한 재료의 미, 그리고 장인 솜씨를 표현하는 자부심으로 상드로는 페이스트리의 환상의 세계를 한껏 펼치고 있다.

헤드 셰프인 도미니크 로리(Dominique Lory). 1973년생인 로리는 파리에서 남서쪽으로 300여km 떨어진 작은 도시 앙지(Angers) 출신이다. 낭트(Nantes)의 CFA 요리학교를 마친 도미니크는 16세에 고향 앙지의 한 레스토랑에서 수습생으로 커리어가 시작된다.

1997년, 파리 샹젤리제에 있는 라뒤레에서 일 년간 일을 마친 그는 다음 해 겨울, 알랭 뒤카스가 파리에 오픈한 스푼 푸드 & 와인(Spoon Food & Wine) 레스토랑 팀에 합세했다. 2000년, 퓨전 요리의 선구자인 피에르 가르니에(Pierre Gagnaire) 셰프의 레스토랑에서 2년간 부주방장을 역임하기도 했다. 그 후 2002년부터 루이 15세-알랭 뒤카스에서 셰프 드 파티(chef de partie: 주방 한 구역의 책임자 지위인 셰프)로 책임을 맡으며 호텔 드 파리의 수석 셰프인 프랭크 체루띠(Frank Cerutti)의 지중해 요리 사랑에 푹 빠지게 된다.

2007년 1월부터 4년간 파리의 플라자 아테네 레스토랑의 부주방장을 지낸 후 알랭의 제안을 받은 그는 헤드 셰프인 셰프 드 퀴진(chef de cuisine)으로 루이 15세-알랭 뒤카스에 다시 전격 합류, 자리매김한다. 강한 팀워크를 내세우는 도미니크 셰프는 5명의 페이스트리 셰프를 포함한 25명의 셰프를 이끌며 넘볼 수 없는 맛의 세계를 보여주는, 열정이 끓어 넘치는 셰프다.

별을 모으는 요리의 권위자, 알랭 뒤카스

알랭 뒤카스는 새하얀 셰프복 차림에 둥근 안경을 낀 엘리트한 셰프 모습이다. 올해 64세인 그는 프랑스 남서부 랑드(Landes) 주의 시골 마을 오르테즈(Orthez)에서 태어났다. 자연을 쉬 접하는 환경에서 성장하면서 자연을 통한 천연 재료의 참맛을 일찌감치 깨달으며 풍미의 미감을 키웠다. 요리사의 꿈을 키운 어린 시절, 알랭의 이러한 풍요로운 맛의 배경은 오늘날 그를 세계적인 셰프로 우뚝 설 수 있게 이끌었다.

16세에 한 레스토랑의 수습생으로 출발한 알랭은 훗날 그의 생애 중 가장 중요한 시간들을 내로라하는 프랑스 천하 명장 셰프 미셸 게라드(Michel Guérard), 가스통 르노뜨로(Gaston Lenôtre), 로제 베르제(Roger Vergé) 등의 레스토랑에서 보내게 된다. 요리 거장들의 현재 나이는 80세 전후이며 1970년대에 이미 미쉐린 스타 3개를 거머쥔 셰프들이다.

미셸 게라드(Michel Guérard)는 누벨 퀴진 운동 대열에 선 셰프 중 한 사람이기도 하다. 누벨 퀴진이란 기존 전통 프랑스 요리법보다 가벼우면서도 섬세함을 더욱더 강조하는, 혁신적인 접근 방식으로 최고 수준의 요리를 보여준다.

프랑스의 전설적인 셰프 로제 베르제 밑에서 일하기 시작한 1977년, 알랭은 로제의 '프로방스 요리법'(Provençal cooking)인 마늘, 양파, 토마토, 향신료 등을 넉넉히 넣어 만드는 프랑스 남부 스타일 요리에 눈을 뜨게 된다. 이 요리법의 풍요로운 맛과 향은 훗날 그의 주방에서 요리의 필수적인 기본 요소가 된다.

알랭의 정신적 지주이자 멘토인 알랭 샤펠(Alain Chapel)은 알랭을 고용한 지 일 년 후인 1979년, 알랭에게 프랑스 니스에 근접한 우아나 호텔(Hotel Juana)의 라 떼라쓰(La Terrasse) 레스토랑을 이끌게 한다. 그로부터 5년 뒤, 알랭은 이 레스토랑에 버젓이 두 개의 미쉐린 스타를 안겼다.

1987년 5월, 모나코의 몬테카를로에 있는 호텔 드 파리의 제안을 받은 알랭은 호텔의 루이 15세(Le Louis XV) 레스토랑을 도맡아 운영하게 된다. 그리고 33개월 만에 호텔 레스토랑으로는 최초로 미쉐린 스타 3개를 받는 기록을 세운다. 당시 그의 나이는 불과 33세. 그 후 알랭은 자신의 이름을 헌정하며 '루이 15세-알랭 뒤카스'라고 레스토랑을 명명한다. 레스토랑 오픈 25주년이었던 2012년, 알랭은 세계 25개국의 셰프 240여 명을 초대해 3일 동안 세계 명인 셰프들이 서로 만나는 보기 드문 자리를 주선해 그다운 멋진 면모를 보이기도 했다.

파리의 저명한 플라자 아테네 호텔(Hôtel Plaza Athénée)에 플라자 아테네 레스토랑을 시작한 것은 1996년. 그로부터 8개월 만에 또다시 미쉐린 스타 3개를 거머쥔 알랭은 오픈하는 레스토랑마다 승승장구한다. 주방을 장악하다시피 한 최고의 셰프 알랭은 주방에서 한 걸음 물러나 레스토랑 경영을 위주로 하면서 뒷전에서 인재 셰프를 발굴하는 또 다른 소질을 발휘한다.

2000년, 미국 뉴욕에 입성한 알랭은 에식스 하우스(Essex House) 레스토랑을 연지 5년 만에 미쉐린 스타 3개를 획득한다. 하지만 아쉽게도 레스토랑은 2007년에 문을 닫아 알랭의 첫 실패작이 되고 말았다. 런던의 오성급 도체스터 호텔(The Dorchester)의 레스토랑 또한 2010년에 미쉐린 스타 3개를 받으면서 프랑스, 영국, 모나코의 세 도시에 최초로 미쉐린 스타 3개인 레스토랑을 가진 셰프로 부상한다.

프랑스에만 10여 개를 비롯해 영국, 미국, 일본 등 8개국에 24개의 레스토랑을 경영하는 알랭 뒤카스. 그는 단지 비교할 데 없는 최고급 프랑스 요리뿐만 아니라 세계 요리의 경향을 반영한 획기적인 컨셉으로 경이로운 요리법을 창출하며 명성을 얻었다. 세계적인 레스토랑 오너이자 셰프, 요리책 저자, 요리학교, 활발한 자문 활동 등으로 분주한 알랭. 되도록 레스토랑을 적게 열고 많이 가르치면서 다음 세대를 위한 개발이 우선으로 자신이 해야 할 일이라고 한다. 알랭은 2008년 6월, 프랑스의 엄청난 세금을 이유로 프랑스 국적을 포기하고 세금이 아주 적은 모나코로 귀화했다.

영국의 월간지 레스토랑 매거진(Magazine Restaurant)과의 인터뷰에서 알랭은 “지금까지 나의 커리어는 시작일 뿐이다. 커리어는 끊임없는, 영구적인 진전”이라고 정의한다. 열정이 넘치는 알랭 뒤카스의 별을 향한 행군은 멈출 줄을 모른다.

Epilogue

떠안은 수많은 미쉐린 스타로 은하계를 이루는 알랭 뒤카스. “내 중심축이 되는 근원은 요리다. 그리고 나는 행복한 셰프다.”라고 그는 말한다. 뛰어난 자질을 달리 타고난 것일까? 섬세한 맛을 탐미하는 알랭의 지속적인 호기심은 셰프들의 손을 끝없이 움직이게 한다. 알랭 뒤카스, 그는 지금 글로벌 레스토랑 왕국을 세우며 견줄 수 없는 절대적인 맛으로 프랑스 요리의 역사를 새로 쓰고 있다.

Restaurant Le Louis XV - Alain Ducasse
Hôtel de Paris - Place du Casino, MC 98000, Principauté de Monaco
전화: (+377) 98 06 88 64

상드로 셰프 인터뷰

요리의 거장 폴 보퀴즈를 비롯한 미쉐린 스타 3개의 여러 레스토랑에서 일한 대단한 경력을 쌓았다. 세계적으로 유명한 레스토랑에서 일하는 소감은 어떤가?

"내게 주어졌던 여러 기회가 더없이 영광스러울 뿐이다. 매우 보람 있고 많은 격려가 된다."

폴 보퀴즈 셰프와 일했을 때 경험 중에서 오늘날 자신에게 반영되는 것이 있다면?

"폴 보퀴즈 팀은 거의 군대와 같았기 때문에 나는 악착스러워야만 했고 엄격한 방식으로 일했다. 새로운 기술을 도입하거나 새로운 요리를 만들 때 팀은 내가 절대 포기하지 않도록 가르쳤다. 이런 연습들은 나를 뒤처지지 않게 만들었다."

프랑스에서 오랫동안 일하다 뉴욕의 에식스 하우스로 떠났다. 집을 떠나 이국에서 일한 것은 큰 도전이었을 텐데 어떻게 감당했나?

"처음에 영어를 배우기가 쉽지 않았다. 하지만 포괄적으로 보는 시야를 키우며 조금씩 용기를 얻었다. 이 같은 경험은 적응력과 열린 마음을 기르는 데 많은 도움을 주었다."

에식스 하우스의 수석 페이스트리 셰프 니콜라 베르제를 본인에게 가장 큰 영향력을 준 셰프 중 한 사람으로 꼽았다. 그 이유는?

"그의 숙달된 기술은 물론 기발한 창조성에 나는 많은 영감을 받았다. 더욱이 그는 겸손함을 겸비한 인간성을 소유한 셰프이다."

당신의 디저트 스타일은 '프랑스식 기교와 전통을 바탕으로 창조된 놀라움과 기쁨을 동반한 요리'라고 한다. 본인은 어떻게 생각하는가?

"더할 나위 없는 칭찬이다. '요리 이전에 자연이 있었다'는 알랭 뒤카스의 철학에 나는 충직하다."

어떻게 본인의 기량과 표현 기법을 새롭게 유지하는가?

"최대한 많은 트레이닝에 참여하고 있다. 다양한 요리책 읽기, 가능하면 다른 여러 레스토랑에 가서 시식하고 있고 꾸준한 기술 향상을 위해 여러 셰프들과 많은 아이디어를 서로 나눈다."

미쉐린 스타 3개인 레스토랑의 셰프가 갖추어야 할 자질 세 가지는 무엇이라고 생각하나?

"엄격함, 인내 그리고 열정적이어야만 한다."

앞날 계획은?

"페이스트리를 통해 손님들에게 큰 즐거움을 주고 기쁨을 전달하는 한 가지 목표뿐이다."

도미니크 셰프 인터뷰

자신의 경험을 통해 본 미쉐린 스타 2개와 3개인 레스토랑의 요리를 어떻게 비교할 수 있나?

"맛을 내거나 요리하는 것이 좀 더 정확한, 세세한 부분의 차이라고 본다. 더 중요한 것은 우리는 손님마다 원하는 것에 더욱더 귀를 기울인다는 점이다."

자신이 가장 큰 영향을 받은 셰프는 누구인가?

"호텔 드 파리의 수석 셰프인 프랑크 세루티는 내게 날카로운 미각과 최고의 요리법을 가르쳐 줬다. 또한, 미쉐린 스타 셰프인 크리스토프 모레(Christophe Moret)의 엄격함이다."

루이 15세-알랭 뒤카스 레스토랑의 헤드 셰프 직책을 맡았을 때 어떤 기분이었나?

"알랭의 신임을 받으며 그의 가장 아름다운 레스토랑에서 일하는 것에 대해 대단한 자부심을 가졌다. 한편으론 맡게 된 막중한 임무를 완수 못 할까 봐 걱정을 많이 했다."

프랑스의 명성 있는 여러 레스토랑에서 일했다. 루이 15세-알랭 뒤카스 레스토랑에서 일하는 것과 비교하면 어떻게 다른가?

"루이 15세-알랭 뒤카스는 지역의 최고 토산물을 재료로 요리하고 최고의 요리를 만들어 손님에게 대접한다. 그만큼 최고의 요소를 갖추었다는 우수성이 있다."

알랭의 메뉴와 레시피를 전달 받는가, 아니면 셰프 팀들의 독창적인 고유 레시피로 요리를 만드나?

"알랭의 '필수적인 요리법'인 루이 15세-알랭 뒤카스 스타일을 충실하게 따르는 셰프들 고유의 레시피를 알랭은 허락한다. 우리가 만든 새로운 요리를 맛본 알랭은 충고나 가르침을 준다."

훌륭한 평판을 받는 알랭의 절대적인 신뢰를 받는 팀 셰프의 한 사람으로서 최고급 요리를 손님에게 제공하고 있다. 알랭은 요리의 수준 정도나 연출에 대해 어떻게 관여하는가?

"알랭은 요리의 방향을 제시하고 세부 사항까지 최상급을 기대한다. 우리는 항상 알랭과 손님의 기대에 부응해야만 한다. 알랭의 신뢰를 받는 것이 굉장히 자랑스럽다. 그는 영구적인 영감의 원천이다."

일하는 진정한 모습의 알랭 뒤카스가 궁금하다, 루이 15세-알랭 뒤카스 레스토랑에 자주 오는가?

"루이 15세-알랭 뒤카스 레스토랑은 알랭이 무척 아끼는 아주 소중한 곳으로 자주 찾는다. 셰프복으로 갈아입은 그는 늘 많은 시간을 우리와 보낸다. 알랭은 맛도 보며 자신의 최신 정보를 나누곤 한다. 그와 일할 때면 작업에 대한 질문이 그치질 않는다."

루이 15세-알랭 뒤카스 레스토랑에서 일하면서 기억할 만한 경험을 꼽는다면?

"가장 기억나는 것은 레스토랑 오픈 25주년 기념식을 위해 3일간 요리를 만들었고 참석한 세계 최고의 셰프들을 만났던 일이다."

세계 최고의 레스토랑

스페인의 트로이카 '로카' 셰프

El Celler de Can Roca

스페인이 미각의 나라로 새롭게 뜨고 있다. '세계 50 베스트 레스토랑'(The World's 50 Best Restaurants)에서 선정한 10위권에 수년째 스페인 스타 셰프들이 경영하는 레스토랑이 세 개나 들어있기 때문이다.

그중 2013년과 2015년, '세계 50 베스트 레스토랑' 1위에 당당히 오르고 미쉐린 스타 3개를 받은 세계적으로 정평이 난 엘 세예 데 칸 로카 (El Celler de Can Roca) 레스토랑을 찾았다. 예술 같은 요리로 전 세계 미식가를 홀리는 로카 삼 형제를 만나 인터뷰를 하고 최고급 미식 기행을 했다.

세계가 주목하는 '엘 세예 데 칸 로카' 레스토랑

매해 4월에 발표하는 '세계 50 베스트 레스토랑'의 수여식에서 환희에 찬 우승 셰프들. 세계 수많은 레스토랑 중에서 열 손가락 안에 꼽힌다는 것은 정말 대단하다. 해마다 엎치락뒤치락하며 바뀌는 랭킹 50위 안에 든 셰프들의 심경은 어떨까 상상해 본다.

세계 요리의 정상을 다투는 1, 2위만큼 큰 자부심은 없을 것이다. 톱을 향한 숨 막히는 선의의 경쟁이 벌어지면서 순위는 매해 앞서거니 뒤서거니 뒤바뀐다. 그중 엘 세예 데 칸 로카 레스토랑(El Celler de Can Roca: 이하 로카 레스토랑)은 2008년도 랭킹 26위에서 불과 1년 만에 5위로 뛰어오르며 급부상했다.

2013년, 로카 레스토랑은 기어이 1등에 선정되는 최고의 영예를 안았다.

로카 레스토랑이 세계의 관심을 끄는 특별한 이유 중 하나는 두 셰프와 소믈리에로 구성된 세 형제가 운영한다는 점이다. 보통 10개월씩 기다려야 했던 로카 레스토랑의 자리 예약은 2013년 1위에 오른 후에는 최소한 1년 가량을 기다려야 한다. 그뿐만이 아니다. 레스토랑의 웹사이트는 연간 무려 120만 명이나 방문할 정도이다.

'세계 50 베스트 레스토랑'에서 수위를 다투는 레스토랑이라면 어느 큰 도시에 있을 법한데 엘 세예 데 칸 로카 레스토랑은 그렇지 않다. 스페인 북동부 카탈루냐(Catalonia) 지방의 지로나(Girona)에 있다. 지로나는 인구가 10만이 채 안 되는 소도시로 바르셀로나에서 기차로 40여 분이 걸리는 곳이다. 로카 레스토랑은 지로나 시내에서도 약간 벗어난 곳에 위치한다. 그럼에도 먼 길을 마다치 않는 세계 미식가들이 로카 레스토랑으로 모여들면서 작은 도시 지로나는 세계적인 미각의 도시로 변신했다.

로카 레스토랑의 홍보 매니저 에스테르(Esther Massats)와 취재 일정을 섭외하기 시작한 것은 12월. 하루에 수백여 통의 전화와 이메일을 받는다는 그녀와 수없이 연락을 주고받았다. 마침내 그 다음 해 5월 말이 다 되어서야 7월 말로 방문 날짜가 최종 확정되었다.

셰프들의 야망, '세계 50 베스트 레스토랑'

2002년에 발족한 세계 50 베스트 레스토랑은 해마다 세계 최고 레스토랑을 선정하는데 전 세계 셰프들을 가슴 졸이게 한다. 숨막히는 셰프들의 경쟁 순위가 밝혀지면서 수상자들은 영예로운 우승의 기쁨을 누린다. 트로피를 손에 거머쥔 채 감격하는 셰프의 모습은 보기만 해도 가슴이 찌릿해 온다.

'세계 50 베스트 레스토랑'은 영국의 요리 월간지 〈레스토랑〉이 주관하고 산 펠레그리노(San Pellegrino)와 아쿠아 파나(Acqua Panna)를 생산하는 이탈리아의 유명 생수업체가 후원한다. '세계 50 베스트 레스토랑 아카데미'(World's 50 Best Restaurants Academy)에 소속된 900여 명의 심사위원 투표 결과로 50등까지의 레스토랑 순위가 결정된다. 이들은 주로 국제적인 셰프, 레스토랑 경영자, 미식가 그리고 레스토랑 비평가들로 구성돼있다. 선정된 레스토랑은 두말할 것 없이 최고, 최상의 요리를 제공한다.

심사위원들의 투표하는 방식을 보면 전 세계를 26개 지역으로 나누고 지역마다 레스토랑에 관한 지식이 풍부한 의장들이 임명된다. 각 지역의 의장들은 각각 35명의 심사위원을 선발한다. 후보 대상자 리스트는 없으며 전 세계의 심사위원 각자마다 7개 레스토랑을 투표할 수 있다. 그 대신 여러 지역에서 우승자들이 나올 수 있도록 심사위원들에게 자신의 구역 내에서 레스토랑 3개, 구역 외에서 4개를 투표하길 권장한다. 심사위원 누구도 자신이 소유하거나 경제적 이익과 관련된 레스토랑에 투표할 수 없다. 또한, 이들은 투표하기 전인 12월까지 18개월 동안을 다니며 레스토랑에서 먹어 본 경험을 토대로 투표해야만 한다. 이런 절차로 순위에 선정되는 레스토랑은 평생토록 불후의 이름을 남기게 된다. 게다가 세계 톱 1위 레스토랑으로 꼽힌다는 것은 셰프로서 더할 나위 없이 명예로운 최고 훈장과 다름없다.

레스토랑 오너 셰프들이 벌이는 맛의 각축전인 '세계 50 베스트 레스토랑'에서 스페인의 활약은 대단하다. 2006년에 첫 1위를 차지한 스페인의 전설적인 셰프 페란 아드리아(Ferran Adria)의 엘 불리(el Bulli)

레스토랑은 2009년까지 4년 연속 1위를 지켰다. 아쉽게도 엘 불리는 2012년에 문을 닫았지만, 미쉐린 스타 3개를 받은 세계 최고 레스토랑 중 하나였다. 그 후 로카 레스토랑은 두 차례나 스페인에 1위를 안겼다.

'머리 셋, 모자 하나'의 시작

1960년대의 평범한 스페인 전통 레스토랑인 칸 로카(Can Roca) 주인의 세 아들은 20여 년 후 엘 세예 데 칸 로카 레스토랑을 세우며 세계 최고의 레스토랑으로 떠올랐다. 기드 미쉐린에서 주는 미쉐린 스타 3개를 거머쥐었고 당당한 세계 1위를 차지한 것이다.

로카 레스토랑은 세 형제로 이뤄진 평범하지 않은 보기 드문 케이스다. 맏형 조안(Joan Roca i Fontané)은 헤드 셰프, 둘째 조셉프(Josep Roca i Fontané)는 헤드 소믈리에, 그리고 막내 조르디(Jordi Roca i Fontané)는 헤드 페이스트리 셰프로 레스토랑을 이끈다. 스페인은 자녀들이 부모의 두 성을 갖기 때문에 아버지의 로카, 엄마의 폰타네 성이 이름 뒤에 따른다.

부모는 이미 조안과 두 살 아래 조셉프가 태어난 후인 1967년, 지로나(Girona) 외곽에 칸 로카 레스토랑을 열었다. 뒤늦게 태어난 막내 조르디와 함께 부모의 레스토랑에서 성장한 세 형제에게 레스토랑은 거실이자 놀이터였다. 바에서 숙제를 하고 TV를 보던 그들이 특별히 기억하는 것은 할머니와 엄마가 만드는 음식 냄새였다. 그리고 주방에서 달그락거리며 그릇 닦는 소리, 손님들의 왁자지껄한 소리를 기억하는 그들에게 남겨진 냄새와 소리는 남다른 값진 추억이다. 세 형제의 요리에 대한 열정의 불씨는 이렇게 부모의 레스토랑에서 서서히 불붙기 시작했다. 특별히 엄마 몬세랏(Montserrat Fontané)은 세 아들에게 요리에 대한 공경심과 애착심, 너그러움의 비결을 천직의 몫으로 남겨준 장본인이다.

1986년 8월, 조안과 조셉프는 부모의 레스토랑 옆에서 그들만의 레스토랑을 시작한다. 요리의 콘셉트는 카탈루냐 전통요리 방식을 기본 주축으로 하면서 현대적인 조리 기법을 접목한 것.

당시 20세였던 막냇동생 조르디가 1998년에 형들과 합세하면서 막강한 팀워크를 구성한다. 1995년, 로카 레스토랑은 첫 미쉐린 스타 한 개를 받아낸다. 그리고 2002년에 미쉐린 스타 두 개, 2009년에 기어코 세 개의 별을 손에 쥐고야 만다. 레스토랑이 날로 번창해지자 1911년에 지은 컨트리 하우스였던 현재의 레스토랑 자리로 2007년에 이전했다.

미쉐린 스타 3개를 받은 조안의 소감은 남달랐다.

"중요한 것은 손님이 만족하는 것이다. 1위나 50위, 스타가 2개이든 3개이든지 상관없이 손님들이 레스토랑을 찾아오기를 바랄 뿐이다."

손님에 대한 그들의 사랑과 열의를 짐작할 수 있으며 고객 없이 이뤄진 레스토랑은 감히 상상조차 할 수 없다는 사실을 일깨운다. 세 형제는 각기 다른 의견을 가졌지만, 논의 끝에 공동 아이디어에 다다른다. 그런 자신들을 '머리 셋에 모자 하나'라고 스스로 호칭한다. 요리가 없는 세상을 감히 상상할 수 있을까? 단지 먹고 배부른 요리가 아닌 예술의 경지에 이르는 새로운 요리를 창조하는 삼 형제의 기막힌 삼박자 리듬은 척척 맞아떨어진다.

요리, 와인, 디저트 트로이카 삼 형제

스페인 요리계의 가장 빛나는 스타로 부상한 로카 레스토랑의 삼두마차 조안, 조셰프, 조르디 형제. 유달리 로카 레스토랑이 특별한 이유 중 하나는 똘똘 뭉친 가족 구성원이라는 것이다. 완벽하게 구색을 갖춘 삼 형제가 요리의 세계로 접어든 것은 결코 우연이 아니었다. 이들에게는 부모의 레스토랑에 묻힌 그들의 어린 시절이 있었다.

조안의 요리 토대인 카탈루냐 전통요리는 부모의 레스토랑에서 자연스럽게 터득하였다. 듬직한 인상의 맏형 조안의 나이는 55세. 그는 11세가 되던 해부터 주말마다 레스토랑에서 음식 만드는 자잘한 일을 도우며 요리사가 되기로 마음을 먹는다. 그는 1978년 지로나에 있는 '에스꼴라 도스탈레리아'(Escola d'Hostaleria de Girona) 요리학교를 마친 후 모교에서 가르치기도 했다.

분자요리(molecular gastronomy)와 수비드(sous-vide)의 다양한 조리법 기술과 함께 전통 카탈루냐 맛을 가미한 창조적 요리의 선두에 나선 조안. 로카 레스토랑은 분자요리의 아버지로 불리는 페란 아드리아의 엘 불리와 한때 비교 대상이 되기도 했다.

카탈루냐식 오트 퀴진 또는 요리의 새로운 경향인 아방가르드(avant-garde) 퀴진이라 불리는 요리법으로 조안은 1970년과 80년대 프랑스의 고급 요리인 오트 퀴진의 콘셉트를 카탈루냐식의 미식으로 재창조했다. 로카 레스토랑을 찾는 세계의 미식가들은 조안의 전통과 현대식을 함축한 예술적인 요리의 세계를 여행한다. 이런 조안에게 '기술의 거장'이라는 칭호가 뒤따른다.

조안은 두 동생에 대한 자랑스러움과 극진한 사랑을 가진 형이기도

+
삼형제의 맏형, 조안의 모습.

하다. 2013년, '세계 50 베스트 레스토랑'에서 1위를 수상하고 "비결은 일이다. 일은 창조력의 헌신이다."라는 그의 말은 그가 일에 쏟아부은 열정을 대변하는 듯했다. 그는 또 "무엇보다도 진정한 스타인 두 동생, 세계 최고의 소믈리에와 파티시에를 가진 게 행운"이라며 끈끈한 형제 간의 우애를 보여주었다.

두 살 아래인 둘째 조세프는 헤드 소믈리에다. 와인이 없는 서양의 식탁은 상상하기 힘든데, 와인과 함께 요리를 즐길 수 있게 해야 하는 조세프의 역할은 아주 막중하다. 5명의 소믈리에와 함께 요리의 특성과 맛의 개성에 걸맞은 와인을 선별해 손님들에게 미묘한 와인의 맛을 보

\+
로카 레스토랑의 와인을 책임지는 헤드 소믈리에, 둘째 조세프.

여준다.

레스토랑 끝자락에 지은 와인 셀러는 와인용 나무 상자로 외벽을 마감해 아주 독특하다. 카탈루냐, 스페인, 독일, 프랑스 등을 비롯한 15개국의 6만여 병이나 되는 다양한 와인이 저장되어 있고 와인 셀러 온도는 항상 14℃를 유지한다. 그중 가장 비싼 와인은 스페인 최고의 명품 와인 베가 시실리아(Vega Sicilia)의 1942년도 산인데 무려 1,400유로(약 180만원)이다.

나라별로 구분해 놓은 작은 공간마다 음악이 흐르고 산지의 돌, 잔가지 등을 담은 커다란 그릇이 놓여 있다. 27년간 조셰프가 모은 와인들, 바로 그의 손안에 있다.

1978년생인 막내 조르디에게 2014년은 영광스런 한 해였다. '세계 50 베스트 레스토랑'이 수여하는 2014년 '세계 베스트 페이스트리 상'(The World's Best Pastry Chef Award)에 선정되는 영예를 안았다.

형 조안과 같은 학교에 다니며 조르디는 두 형의 레스토랑을 적극 도왔다. 졸업 후 형들과 일하기 시작했으며 멘토이자 스승인 영국 웨일스(Wales) 출신 쇼콜라티에 데미안(Damian Allsop) 셰프를 만난다. 일 년간 명망 높은 페이스트리 셰프 데미안에게 '어떻게 그리고 왜'라는 레스토랑의 세계를 전수받은 조르디는 전적으로 디저트 부문을 맡게 된다.

창의적인 아이디어를 응용하는 조르디는 2002년에 여러 종류의 향을 재생하는 계획에 착수했다. 24개의 먹을 수 있는 향수를 개발해냈으며 레몬 구름(Lemon Cloud)이라는 고급 향수를 출시했다. 향기의 세계로부터 받은 영감으로 식사 마지막 요리에 천연 재료로 만든 향수를 사용하기도 했다. 아울러 향수 전문가의 도움을 받으며 스페인의 새로운 향이 담긴 향수를 이용해 먹기 아까운 환상적인 디저트를 선보인 것으로 유명하다. 향수뿐만이 아니다. 2년 뒤, 그는 색감 공부를 하면서 디저트에 접목했으며 증류

+
삼형제의 막내, 조르디.

기술은 대단한 성공을 이뤘다.

'일이란 생각의 표출, 상상, 창조, 성과를 분석하는 것'이라는 조르디는 특히 일이란 놀이(play)를 통한 발상이라고 정의한다. 그래서일까, 그를 '디저트의 마술사'로 일컫는다. 실로 로카 레스토랑에서는 그의 기발한 마술 같은 디저트를 체험한다.

2013년, 조르디는 지로나 중심가에 로캄볼레스크(Rocambolesc) 아이스크림 가게를 열었다. 앨리스와 원더랜드 동화 속으로 빠져드는 듯한 느낌의 톡톡 튀는 상상외의 인테리어는 조르디다운 면모를 보여준다. 20여 종류가 넘는 아이스크림은 솜사탕, 설탕 입힌 코코아 열매 등 9가지의 토핑까지 맛을 더해 입안을 살살 녹인다.

요리의 혁명, 분자요리와 수비드

주방에 혁신적인 기술들이 도입되면서 셰프들의 주방이 연구소처럼 변신하고 있다. 주방을 실험실 삼아 조리 방법을 연구하는 셰프들은 새로운 맛과 질감을 개발하고 있다. 최고의 맛과 멋을 내기 위해 끊임없이 반복해 탐구하는 새로운 요리의 트렌드인 분자요리(molecular gastronomy)가 그 배경이다.

분자요리라는 신조어는 1988년 옥스퍼드 대학의 헝가리 물리학자 니콜라스(Nicholas Kurti)와 프랑스 화학자 에르베(Hervé This)에 의해 탄생했다. 요리를 과학의 세계로 끌어들인 획기적인 분자요리학은 조리 과정에서 발생하는 음식 재료의 물리적, 화학적 변화를 탐구하는 식품 과학의 한 분야이다. 즉, 과학의 원리를 요리법에 응용해 조리 과정을 과학적 실험 방법으로 분석해 만드는 것이다.

셰프들은 분자요리를 이용한 과학적인 분석 실험 요리를 통해 변형된 재료의 질감, 조리법으로 전혀 다른 음식을 창조한다. 더 이상 단순한 요리가 아닌 응용된 모던 스타일의 요리가 레스토랑의 테이블을 바꾸는 것이다. 과학을 통해 시각과 미각을 한층 더 살려 만든 예술적인 요리는 먹기 전까지 질감과 맛을 가늠하기 힘든 묘미가 있다. 전 세계의 레스토랑에서 사용되고 있는 다수의 분자요리 기법은 세계적인 레스토랑 엘 불리의 페란 아드리아에 의해 만들어진 것이다.

또 다른 하나는 수비드 조리법(sous-vide cooking). 수비드 방식은 1799년 영국인 물리학자인 벤저민 톰프슨 경(Sir Benjamin Thompson)에 의해 최초로 알려졌으며 1960년대에 식품 보존하는 방법으로 사용되었다. 프랑스인 셰프 쟈르즈(Georges Pralus)는 1974년에 수비드 조리법을 자신의 레스토랑에서 시도한 실질적인 수비드 조리법의 창조자이다.

수비드란 고기나 생선 등 재료를 넣은 진공 포장한 플라스틱 백을 물속에서 저온으로 장시간 조리하는 방법이다. 물론 재료마다 조리 시간과 온도는 다르지만 온도 55℃~60℃에서 길게는 72시간 동안 음식을 익히기도 한다. 이 조리법은 음식을 끓이지 않고 겉과 속을 고루 익히면서 고유의 수분과 맛을 유지하기 때문에 고기 같은 경우 더욱 부드러운 맛을 즐길 수 있다. 오늘날 수비드 조리법이 없는 주방은 감히 상상조차 못 할 정도로 널리 보편화되었다. 저온 조리 기술인 수비드의 개발과 분자요리법으로 달라진 주방. 이제 요리는 과학이라는 말이 생소하지 않다.

로카 레스토랑을 찾아서

근 7개월이나 걸려 이뤄진 로카 형제와의 인터뷰가 있었던 날. 지로나역에 도착해 택시로 로카 레스토랑을 가는 10여 분 동안 내 가슴은 에스테르의 메일을 열어보던 그때처럼 설렜다. 조바심에 약속한 오전 11시 30분보다 일찌감치 도착해 주변을 돌아보았다.

지로나 외곽의 조용한 주택가에 자리한 레스토랑은 높다랗게 쌓아 올린 나무 담장으로 둘러싸여 있었다. 담벼락에는 정갈한 금빛 글씨체로 쓰인 엘 세예 데 칸 로카와 로고가 바로 눈에 띄었다. 키 큰 담장 꼭대기에는 아이비가 살짝 덮여 있고 입구의 기다란 통로를 따라 오르자 안뜰로 들어섰다. 전통적인 스페인 스타일의 집 1층은 온통 아이비로 덮인 채 유리 창살 뒤로 주방의 분주한 셰프들 움직임이 언뜻 보였다.

곳곳에 놓인 널찍한 나무 테이블에는 막 들어선 손님들이 앉아서 간단한 음료를 마시기도 했다. 레스토랑에 들어서면 눈 앞에 펼쳐진 자연의 풍광에 탄성이 절로 나온다. 정면에는 대형 유리가 삼각으로 세워져 있고 쭉쭉 뻗은 자작나무들 기둥 사이로 흰 테이블들이 멀찌감치 보였다. 시원하게 하늘로 솟은 나무들이 있는 기다란 나무 복도를 따라 테이블을 향해 가다 보면 마치 안마당으로 걸어가는 느낌이었다. 뻥 뚫린 천정으로 쏟아지는 강한 햇살이 만드는 나무 그늘과 함께 실내에서 자연 채광을 한껏 즐길 수 있었다. 건너편 유리창 너머로 테이블 사이를 쉴새 없이 오가는 웨이터들의 동선은 삼각형을 그린다. 넉넉한 공간을 두고 배치한 둥근 테이블에서는 50여 명이 정찬을 즐길 수 있다. 꼿꼿하게 다림질한 흰 테이블보 중앙에는 주먹만한 돌 세 덩어리가 놓여 있고 독일의 명품 로젠탈(Rosenthal) 접시를 세팅해 놓았다. 로카(roca)는 스페인어로 돌이라는 뜻. 묵직한 세 개의 돌, 그리고 세 꼭짓점을 이루는 세모꼴의 안마당은 세 형제를 의미하는 깊은 뜻임을 알게 된다.

맛의 극치, 그 예술을 먹다

오랫동안 기다리며 설레던 시간, 세계 정상급 로카 레스토랑의 그 맛과 멋을 보았다. 오후 1시 반부터 시작한 점심 메뉴는 첫 애피타이저인 'The World'(세계)로 시작되었다. 지구를 상징하는 부챗살 모양의 진회색 등에 달린 리본을 풀자 나무 기둥 위에 꽂혀있는 5개의 작은 애피타이저가 조심스레 드러났다. 멕시코, 터키, 모로코, 중국, 그리고 한국을 대표하는 맛의 신세계가 열리는 순간이었다. 한국의 맛은 김치, 완두콩 종류인 스노우 피(snow pea), 간장, 베이컨, 참기름을 넣어 만든 재료를 튀긴 빵 안에 넣어 아삭하니 상큼했다. 한입에 쏙 들어가는 크기의 특출한 맛과 나라마다 뛰어난 맛의 구성이 돋보였다. 한국의 맛을 먹으며 한국인인 나의 취재 방문을 염두에 둔 조안의 세심한 배려에 감복했다.

'더 월드'는 새로운 경험의 놀라움과 기쁨의 세계로 빠지는 첫 단계일 뿐이었다. 테이블로 가져온 올리브 분재를 보자 저절로 미소가 지어졌다. 바로 지중해 요리를 알리는 메시지였다. 안초비를 넣어 캐러멜라이즈 한 올리브를 고리에 걸어 분재에 매달아 놓았다. 마치 올리브를 따 먹는 듯, 직접 올리브를 찾는 쏠쏠한 재미는 물론 달콤함과 짭조름한 올리브 맛은 그만이었다.

다섯 종류의 생소한 애피타이저를 접하는 동안 눈과 마음이 즐거웠

다. 클래식한 테크닉과 카탈루냐의 절묘한 맛을 분자요리에 가미한 요리들. 훌륭한 요리 하나하나를 담은 그릇들까지 예술 작품이었고 그 맛은 극치에 다다랐다. 11개의 메인 코스를 다 마칠 때까지 연달아 이어지던 마술 같은 요리의 연출에 끝없는 탄성이 터졌다.

디저트가 시작되기 전 조르디의 제안으로 나는 주방에서 그가 준비하는 디저트를 카메라에 담았다. 신선한 코코넛과 라이치(lychee) 맛의 사우어도우, 아이스크림에 셰리(sherry: 알코올 도수와 당도가 높은 스페인 와인) 맛 미니 마카롱을 묻힌 차별화된 솜씨의 아이스크림 맛. 조르디의 콘셉트인 즐거움(fun)을 담은 아이스크림은 파동 치는 용기 위에 올려져 재미난 맛을 부른다.

애피타이저와 디저트를 포함한 14개 코스는 장장 4시간에 걸쳐 진행된, 예술을 탐닉하며 먹는 시간이었다.

+
창조적인 아티스트 셰프 조르디의 대표작 중 하나인 초콜릿 아나키(arnachy).

+
온통 진회색인 세련된 주방의 모습. 주방 입구 오른편에 조안의 오픈된 사무실이 자리한다.

메뉴는 향연 메뉴(Feast Menu)와 클래식 메뉴(Classic Menu)로 각각 215유로(약 28만원), 190유로(약 25만원)이다. 점심은 오후 1시부터, 저녁은 저녁 9시부터이며 화요일부터 토요일까지만 문을 연다.

+
인디아에서 영감을 얻은 요리로 먹기 아까울 정도로 예쁘다. 어린 양의 뱃살과 췌장 그리고 8개의 재료로 소스를 장식하고 중앙에 아티초크(artichoke) 꽃을 올렸다.

Epilogue

감정을 자극하는 요리를 연출하는 로카 레스토랑. 오로지 일에 대한 열정만 남아 있는 세 형제는 끼가 있는 맛을 만든다. 평범할 수 있는 요리의 이미지를 최고 수준으로 끌어 올리는 그들은 진정한 맛과 멋으로 요리의 세계에 새로운 눈을 뜨게 한다.

+
우리나라 인턴십 셰프가 만든 야채 콘소메. 저온에서 조리한 여름철 야채로 맑은 국물이 먹기 아까울 정도로 예쁘다.

---

el Celler de Can Roca
Can Sunyer 48, 17007 Girona, Spain
☎ (+34) 972 22 21 57

조안 인터뷰

먼저 '세계 50 베스트 레스토랑'에서 1위에 선정된 것을 축하한다. 2008년도 랭킹 26위에서 불과 1년 만에 5위, 그리고 마침내 1위에 올랐다. 결과에 대해 어떻게 생각하는가?

"28년 전 우리가 처음 레스토랑을 시작했을 때와 지금까지 변한 것이 없다. 레스토랑은 날마다 예약이 차 있고 나는 계속 일하고 있다는 사실이 중요하다. 수상식이 끝난 다음 날 우리는 다시 주방으로 돌아와 평소와 똑같이 일했다."

어떻게 세계적으로 명성 있는 셰프가 되었다고 생각하나?

"자라온 환경적인 요소와 부모님에게 받은 천부적인 재능도 있다. 그러나 나는 열심히 일했다."

세계적인 셰프의 집 식탁이 궁금하다. 가족들을 위해 무슨 요리를 주로 만드나?

"레스토랑 주방 바로 위가 내 집이다. 레스토랑과 똑같이 제철에 나오는 신선한 재료인 유기농 지역 농산물을 이용한다. 가족들을 위해 건강하고, 만들기 쉽고, 재미난 음식을 준비한다. 요리는 빨리 만들지만, 가족과 함께 오랜 시간 동안 즐기며 먹는다(이때 두 자녀의 사진을 보여주던 조안은 더없이 행복한 아빠 얼굴이었다).

어린 시절 엄마가 만든 음식 중 가장 기억에 남는 요리는 무엇인가?

"너무나 많다. 카탈루냐 음식을 준비하던 냄새는 가장 큰 추억이다. 그중에서 꼽는다면 카탈루냐식 고기와 채소 스튜(escudella i carn d'olla)이다. 양고기 대신 닭이나 돼지고기를 넣어 만들기도 하며 주로 겨울에 즐겨 먹는다. 김치 같은 냄새가 나기도 한다(이 말과 동시에 그는 활짝 웃었다).

오래전 '서울 고메(Seoul Gourmet) 2011' 행사에 참석하기 위해 한국을 방문했었다. 주방에서 사용하는 한국 재료들이 있는지 궁금하다.

"김치와 비빔밥을 아주 좋아한다. 전혀 맵지 않았고 맛있었다. 60°C에서 25일 동안 흑마늘을 발효시켜 만드는 새로운 방법과 기술을 배워와 사용하고 있다. 레스토랑과 집에서 된장을 사용해 요리한다."

여느 셰프들과 당신이 다른 점은 무엇이라고 생각하나?

"누구도 따라 할 수 없는 매직을 창조한다. 특히나 세 형제가 강한 팀워크를 이루고 있다는 점이다."

로카 레스토랑에서 사용하는 분자요리를 정의한다면?

"모던하고 과학적이다. 하지만 내겐 서서히 전개되는, 발달하는 주방이라는 표현이 오히려 편하다. 건강하고 존경할 만한 훌륭한 쿠킹, 진화하는 쿠킹이라고 생각한다."

당면한 문제 중 가장 어려운 것이 있다면 무엇이냐?

"현시점이다. 어떤 순위도 상관없이 나는 지금이 가장 어려운 순간이라고 생각한다. 꾸준히 지속되는 매 순간을 즐기고 싶다."

조르디 인터뷰

페이스트리 셰프가 되고 싶다고 언제 깨닫게 되었나?

"18살부터 형 레스토랑에서 일하기 시작했는데 웨이터 일을 싫어했다. 그러고는 웨이터보다 셰프들이 더 일찍 일을 마친다는 것을 알게 되면서 생각을 바꿨다. (크게 웃고는) 사실은 페이스트리 셰프를 보조하면서 디저트 사랑에 푹 빠지게 되었고 오늘날까지 계속되고 있다."

2014년에 세계 베스트 페이스트리 셰프로 선정되었고 당신을 '디저트의 마술사'라고 한다. 기술을 단련시키는 어떤 노하우가 있는가?

"호기심이 가장 중요하다고 생각한다. 계절에 따라 나오는 새로운 재료들을 이용해 다르게 표현하고 연출해보면서 새로운 분위기의 영감을 얻는다. 같은 재료를 갖고도 전혀 다른 요리가 탄생하는 것이다."

형들과 어떻게 일을 하는지 궁금하다.

"우리는 매주 화요일을 '창조성 화요일'이라고 부른다. 누구든 새로운 아이디어가 떠오르면 짜든 달든 셋이 논의한다. 만드는 과정이나 상세한 분석을 함께하기 때문에 새로운 요리를 개발하는데 시간이 더 걸리지만 메뉴로 선정하는데 더욱 확신하게 된다. 또한 요리와 전혀 무관한 산업 디자이너, 그래픽 디자이너 등을 초대한다. 우리가 만든 요리와 개발한 요리들을 다른 시각으로 볼 수 있는데 도움이 된다."

디저트의 창작 과정은 어떻게 이뤄지는가?

"어떤 아이디어로든 새로운 디저트를 만들 수 있다. 한동안은 향수에 몰두하면서 먹지 못하는 것을 먹을 수 있게 하는 가능성을 보여줬고 색깔이 주는 영감에 사로잡혀 모든 접시가 초록색, 주황색이었다. 감정이 창작품에 이입되는 과정을 거친다."

인턴십 중인 한국인 셰프와 요리 연구 개발에 주력 중인 최윤주 셰프를 만나 반가웠다. 로카 레스토랑에서 인턴십 과정을 하려면 어떤 절차가 필요한가?

"(엄지손가락을 치켜세우고 반색하며) 최 셰프는 정식 셰프로 아이디어가 풍부한 아주 훌륭한 셰프다. 주방에는 총 35명의 셰프가 있으며 그중 8명이 페이스트리 셰프다. 우리는 여러 문화를 접하려는 의도로 여러 나라 셰프와 일을 한다. 인턴십은 일 년에 400명씩 접수되며 선발된 신청자들은 적어도 1년 정도 기다려야 한다."

훌륭한 셰프가 되는 길은 무엇이라고 생각하나?

"많은 호기심을 가져야 하고 열심히 일하는 것이다. 셰프는 요리를 즐길 줄도 알고 다양하게 먹어봐야 한다. 꾸준하게 일하다 보면 길은 반드시 열린다."

맛의 소리를 들려준 레스토랑

'안도니'의 '무가리츠' 레스토랑

The World's Greatest Dining Destination

유럽의 맛 선봉장인 프랑스와 이탈리아를 제치고 스페인이 유럽의 키친으로 주목받고 있다. 스페인은 세계 최고로 꼽히는 셰프들이 운집하며 세계 속의 미식 중심지로 거듭나고 있다. 특히나 스페인 북서쪽의 산 세바스티안(San Sebastian)과 근접한 지역에는 미쉐린 스타 3개를 소유한 레스토랑들을 비롯해 모두 18개의 별이 몰려 있는 곳이기도 하다. 그뿐만 아니라 '세계 50 베스트 레스토랑'의 수위권에 든 레스토랑들도 이곳에 있다. '세계 50 베스트 레스토랑'에서 수년째 상위권을 지키는 무가리츠(Mugaritz) 레스토랑을 찾아 오너 셰프 안도니(Andoni Luis Aduriz)가 만드는 최상의 요리, 그 진수를 맛보았다.

전원에서 만나는 레스토랑

무가리츠 레스토랑까지 가는 길은 긴 여정이었다. 런던 히드로 공항에서 바르셀로나까지, 그리고 다시 국내선 비행기로 갈아타고 산 세바스티안에 도착했다. 무가리츠는 정확하게 산 세바스티안에서 12km 떨어진 에렌테리아(Errenteria)라는 인구 4만여 명이 채 안 되는 아주 작은 작은 도시에 있다. 무가리츠까지 가는 대중 교통편이 많이 불편해 택시를 타야 했다.

달리는 차 창 밖으로 양 떼도 보이고 한적한 스페인 시골의 한가로움이 물씬 느껴졌다. 가는 도중, 문득 안도니 셰프의 개인 비서 수사나(Susana Nieto)가 생각났다. 취재 섭외를 하면서 답변이 오기까지 늘 기다림과 설렘이 뒤따른다. 보통 사나흘에서 길게는 수개월씩 걸려 취재 승낙 여부를 알려오는 상대방의 확답에 종종 애간장을 태우기도 한

다. 이제껏 취재 요청 중 가장 빠르게 방문 일정을 척척 진행시킨 수사나는 상큼한 인상을 심어주었다. 게다가 처음으로 내게 음식에 대한 알레르기를 물어온 장본인이기도 해 손님에 대한 무가리츠의 섬세한 배려에 은근히 기대가 컸다.

20여 분 정도 달리던 택시는 산기슭을 올라 녹음이 우거진 시골 산중턱에 자리한 레스토랑의 넓은 주차장으로 들어섰다. 숲 속 가까이에 있는 레스토랑은 평화로운 자연 풍경이 느껴지고, 레스토랑을 둘러싼 키 큰 참나무들이 반갑게 반기는 듯 했다.

열 손가락 안에 드는 세계 톱 레스토랑이 도심 한복판도 아닌 뚝 떨어진 시골에 자리를 잡고 있다니….

한가로운 전원 풍경이 펼쳐진 외딴곳으로 세계 각국의 미식가들을 끌어모으는 무가리츠의 강한 자력은 과연 무엇인가, 갈수록 궁금증만 더해갔다.

성공을 향한 용감한 결정

북서쪽 바스크(Basque) 지방에 있는 무가리츠 레스토랑은 1998년 3월에 오픈했다. 무가리츠 이름은 두 가지 뜻을 내포한다. 수많은 참나무는 레스토랑이 있는 에렌테리아(Errenteria)와 또 다른 작은 도시 아스티가라가(Astigarraga)를 구분한다. 경계를 의미하는 무가(muga), 그리고 오크를 뜻하는 바스크(Basque)어 하리차(haritza)의 복합어다. 레스토랑의 뜨락 옆에는 200년이 훌쩍 넘은 거대한 참나무가 묵묵히 서 있어 운치를 더해준다.

허브를 키우는 제법 큰 화단 옆에 나 있는 널찍한 길을 따라가니 주황색 지붕 2층 건물인 레스토랑이 드러났다. 레스토랑은 바스크 지방의 전통 반 목조 건물인 옛 농가를 개조한 것이다. 수사나는 레스토랑으로 향하는 계단을 내려가다 오른편에 아이비로 뒤덮인 아담한 오두막, 일명 '쉐드'(shed)로 나를 안내했다. 쉐드 역시 헛간을 고친 것으로 의자 몇 개와 미니 바를 갖추고 있다.

청바지에 흰 셰프 재킷을 걸쳐 입은 안도니는 편안한 모습으로 "부에노스 디아스!"(Buenos días!)라고 인사하며 내게 악수를 청했다. 안도니는 먼 길 찾아와 고맙다는 인사와 함께 "레스토랑을 찾아 나서는 것부터 요리의 경험은 시작된다."며 자신의 지론을 펼쳤다. 이런 시골에 세계적인 레스토랑이 있다는 것을 생각 조차 못했던 나는 안도니의 첫 마디에서 그 답을 얻을 수 있었다.

맨 처음 무가리츠를 열었을 때 그 누구도 찾아오질 않았다며 안도니는 당시를 회상했다. 첫해에 손님은 드물었지만 그래도 손님들에게 예약을 해야 한다며 그는 당당했다고 한다. 한편 살아남기 위한 일환으로

재빨리 간단한 토르티야(tortilla) 등 간단한 메뉴로 바꿔야 했지만 아주 낙관적이었다. 당시 18시간씩 일했던 끊이지 않는 에너지, 그것은 바로 안도니를 멈추지 않게 이끈 힘의 원천이었다.

안도니에게 '쉐드'는 각별한 추억이 있다. 텅 빈 레스토랑은 안도니를 정신적으로 위축시켰다. 하지만 셰프들을 비롯한 전 직원 모두를 '쉐드'로 불러 모은 그는 이렇게 말했다. "아직 때가 아닌 것처럼 보인다. 하지만 언젠가 무가리츠는 세계에서 제일 가는 레스토랑이 될 것이다." 힘들고 어려웠던 시절은 오히려 안도니가 성공을 향해 무던히도 노력을 기울인 시간이기도 했다. 그는 자연을 알기 위해 산으로 가고, 주변 환경을 공부해 요리에 접목하는 데 열중했다. 안도니는 혼신을 다해 메뉴를 실험, 개발해 완전 탈바꿈시켰다. 요리 중에는 듣기에도 생소한 돼지 꼬리와 오징어를 조리하는 등 흔치 않은 기발한 아이디어로 맛의 호기심을 끌어냈다. 단지 입에서 느끼는 맛의 감각이 아닌 오감의 정곡을 짚어내는 요리였다. 거짓말같이 손님들이 서서히 무가리츠를 찾아오기 시작했다고 말하는 안도니의 얼굴에 미소가 흘렀다.

세계의 과녁을 향해 쏜 낙제생 셰프

안도니를 인터뷰하는 동안 간혹 내게 거꾸로 질문하던 그에게 나는 자주 빠져들곤 했다. 지칠 줄 모르며 자신의 강한 주장을 펼치던 열정파 안도니. 오늘날 '요리의 귀재'로 불리는 그에겐 학창 시절 낙제를 면치 못한, 공부만큼은 뒷전이었던 십 대 소년 시절이 있었다.

"엄마는 이미 내가 문제가 있을 것을 알았고 손으로 하는 일을 해야만 할 것 이라고 생각했다."며 어린 시절을 상기하는 안도니. 각진 안경테 너머로 보이는 그의 표정은 엄마에 대한 깊은 회상에 젖어 든 표정이 역력했다.

엄마는 요리할 때마다 쉴새 없이 안도니에게 유용한 요리의 기본 상식을 가르쳐주었다. 그뿐만 아니라 바스크 요리까지 엄마의 풍부한 산지식을 전수하였다. 엄마를 따라 장을 갔던 어린 안도니는 돈이 없어 발라 놓은 비싼 생선 살 대신 버리려고 모아놓은 생선 꼬리를 얻어 오던 엄마를 기억한다. 젤라틴이 많은 생선 꼬리를 푹 끓여 스튜나 소스로 만들던 엄마를 돌이켜 보면 안도니에겐 어디서도 배울 수 없는 보배로운 지식이었다. 당시 스페인은 내전이 일어나고 모두가 곤궁한 시절을 보내고 있던 때였다. 내전으로 오랫동안 굶주림을 겪던 시절, 엄마에게 배운 여러가지 요리법은 지금도 무가리츠에서 소중하게 사용하고 있다.

안도니는 학교에서 심지어 종교, 체육 과목까지 낙제할 정도로 학과 성적이 형편없는 낙제생으로 학창 시절을 보냈다. 14살 때 엄마의 권유로 산 세바스티안 요리학교(San Sebastian School of Catering)에 다녔지만, 그것 역시 굉장히 힘들게 마쳤다. 당시 유행한 펑크(funk) 음악을 듣는, 가만히 앉아서 배우질 못했던 철없는 십 대에 불과했다.

별도리 없이 선택한 요리학교도 첫해에 실패하고 재수강을 해야 했고 졸업도 못한 채 학교에 남아 있어야 했다. 그렇게 힘든 2년이 지나고 안도니에게 놀랄만한 커다란 변화가 온다. 오랜 잠에서 깬 듯 안도니는 산 세바스티안 바깥세상의 셰프들에게 눈을 돌리며 요리에 대한 열정의 불씨를 댕기고 만다. 처음으로 공부에 대한 굶주림을 느끼고 악착같이 일하며 요리를 통한 자신의 표현을 시작하게 된 것이다. 낙제생에서 거듭난 안도니는 산 세바스티안 호텔학교를 졸업한 후 세계에서 꼽히는 스페인 최고 레스토랑의 셰프들 밑에서 커리어를 쌓으며 정진했다.

안도니를 만든 스승들

세계 요리의 트렌드를 이끄는 스페인은 둘째가라면 서러운 미식의 나라. 지금은 문을 닫았지만, 세계 최고의 레스토랑으로 신화를 만들었던 엘 불리(el Bulli)부터 세계가 주목하는 셰프들이 운집해 있다. 그중 엘 불리의 페란 아드리아(Ferran Adrià) 셰프는 분자요리(molecular gastronomy)의 선봉장으로 최신 요리 트렌드를 이끌었고, 엘 불리 주방은 오늘날 세계의 영향력 있는 셰프들 대부분이 거쳐 간 곳이라고 해도 과언이 아니다. 엘 불리는 1997년에 미쉐린 스타 3개를 받았으며 '세계 50 베스트 레스토랑'이 발족한 2002년 첫해에 1위로 낙점되었다. 그 이래 2006년부터 4번 연속 1위를 자리를 차지하는 더없는 영광을 누리기도 했다.

학교를 마친 안도니는 1993년, 스페인 북동부 카탈루냐(Catalonia) 지방의 작은 해안 도시 로저스(Roses)에 있는 엘 불리로 간다. 그곳에서 안도니는 그의 인생을 바꾸어 놓은, 스페인 요리계를 가장 앞서 이끈 거장 페란을 만나게 된다. 안도니는 시대를 앞선 창조적인 요리와 분자요리로 세계 정상을 향해 질주하던 엘 불리에서 2년간 일한 것이 큰 행운이었다고 말한다. 신비한 곳, 마술 같은 곳이었던 엘 불리에서 그는 자신이 무엇을 해야만 하는지를 깨닫고 그것을 이루려는 강한 신념뿐이었다고 회고한다. "만약 내가 엘 불리에서 일을 해내지 못했더라면 오늘날 내가 할 수 있는 일은 없었을 것"이라고 말하는 안도니는 페란에게 모든 것을 배웠다.

그는 또한 요리의 영웅 프랑스인 미셸(Michel Bras) 셰프, 그리고 산 세바스티안에 있는 바스크 요리의 대명사로 불리는 두 셰프, 아르작(Arzak) 레스토랑의 후안(Juan Mari Arzak)과 마틴(Martín Berasategui)의 레스토랑에서도 각각 경험을 쌓았다. 이들은 모두 미쉐린 스타 3개를 소유했으며 마틴은 현재 스페인에서 최다 7개를 받은 셰프이기도 하다. 여러 셰프들에게 '부엌은 제한 없이 요리하는 곳, 그리고 선입견 없는 아이디어를 쏟아부을 수 있는 곳'이라는 깊은 가르침을 받은 안도니는 광활한 요리의 세계로 자신을 이끌 수 있었다.

+
아주 모던한 주방 한 벽면에 있는 대형 유리에는 그 날 쓸 재료들이 빼곡히 적혀 있다.

바스크 요리의 자존심, 안도니 셰프

스페인 요리는 지방별로 전통을 유지하며 독자적인 음식 문화를 발달시켜 지방색이 뚜렷하며, 이는 각 지역의 자부심이기도 하다. 프랑스와 스페인에 걸쳐 있는 바스크(Basque) 지방은 피레네 산맥 서부 지역으로 바스크어를 쓰는 바스크인들이 사는 곳. 1970년대와 80년대의 바스크 셰프들은 프랑스의 누벨 퀴진 영향을 받았으며 전통 바스크 요리의 특유한 형태와 또 다른 형태의 누벨 퀴진 바스크 요리를 창조해 냈다.

더욱이 바스크 요리의 심장부인 산 세바스티안 태생인 안도니는 바스크 요리와 떼려야 뗄 수 없는 관계이다. 1971년생인 그는 요리의 혁명, 요리를 학문적인 방법론으로 재편성해 새로운 영역으로 끌어들인 대열의 선두에 나선다. "오로지 성공만을 향해 내달렸다면 결과는 달랐을지도 모른다."라는 그의 말대로 그는 요리를 과학으로 푸는 고집스러운 셰프로 한발 앞선 요리를 실험, 개발하는데 몰두한다.

안도니는 무가리츠를 오픈하고 4년 후인 2002년에는 첫 미쉐린 스타와 '국립 미식상'(The National Gastronomy Prize) 등을 비롯한 여러 상을 연이어 받았다. 그리고 2007년에 미쉐린 스타 한 개를 다시 거머쥐는 행운을 얻는다. 또한 2006년, '월드 50 베스트 레스토랑'의 톱 텐에 처음 입성하면서 승승장구한 무가리츠는 2012년에 최고 3위에 낙점을 받는다.

불행하게도 2010년 2월에 발생한 화재로 레스토랑의 주방이 소실되자 무가리츠는 넉 달 동안 문을 닫아야만 했다. 당시 세계 각지에서 쏟아진 수많은 격려에 강한 연대감을 느낀 안도니는 무가리츠 팀과 함께 세계 여러 레스토랑을 돌아보는 야심 찬 프로젝트를 세우는 전환점으로 삼는다.

해마다 안도니는 새로운 요리를 개발하는 작업에 몰두하기 위해 일년에 4개월간 레스토랑을 닫는다. 12월 중순부터 한 달간은 셰프들을 대동하고 다른 레스토랑을 알고 이해하기 위한 미식 여행, 나머지 석 달은 요리 개발에 집중한다. 페이스트리 셰프 4명을 포함한 35명의 동료 셰프들과 요리에 전념하는 안도니는 그들에게 '빈 캔버스'를 던져주고 무한대의 상상력을 함께 쏟아붓는다.

자연이 담긴 맛의 소리를 듣다

무가리츠의 허브, 채소, 식용 꽃밭을 돌아보던 중 마침 허브를 따고 있던 한 셰프을 발견했다. 17년 전부터 다양한 허브 종류 외에 남미, 일본 등 구하기 힘든 세계 여러 나라의 허브 씨들을 구해 직접 키워 기른 재료를 메뉴에 사용한다는 그의 설명. 요리의 중요한 미각과 시각을 돋보이게 하는 허브와 꽃들을 자체 공급하고, 안도니 역시 주변 산을 돌아다니며 야생 버섯, 식물들을 채집한다고 덧붙였다.

낮 12시가 조금 넘어서자 손님들이 속속 찾아들고 레스토랑 옆 뜨락 곳곳에 놓인 테이블로 안내되었다. 검정 유니폼을 입은 웨이터의 서비스와 함께 손님들은 자연 속에 파묻혀 8가지의 애피타이저를 즐긴다. 무가리츠는 그날그날 구해지는 양만큼의 최상급 재료로 만들기 때문에 테이블마다 약간씩 다른 요리들이 당일 메뉴로 제공되기도 한다.

\+
무 일종인 레디시(radish)는 2~3주 가량 재배한 것으로 아주 연하다. 말린 토마토 페이스트와 케이퍼(caper: 양념 또는 장식으로 쓰이는 식용 꽃 열매)로 만든 소스를 여린 이파리에 발라 놓았다. 밤송이 모양의 초록색은 테프 싹을 키운 것이다.

처음 대면한 애피타이저는 역시 자연주의 무가리츠다웠다. 나무 접시에 놓인 생생한 초록색 풀 같은 밤송이 모양의 애피타이저를 보며 나는 담당 웨이트리스에게 정말 먹을 수 있냐며 짓궂게 물었다. 생소한 초록색 풀은 아프리카의 에리트레아(Eritrea)와 에티오피아에서 자라는 곡식인 테프(teff). 최근에는 미국과 독일, 영국 등 유럽에 수출되어 재배되고 있으며 탄수화물, 섬유질 등의 영양소가 함유되어 있다. 무가리츠는 직접 테프 싹을 틔워 일주일가량 잔디 형태로 키워 사용한다. 테프를 약간씩 떼 흙을 연상시키는 듯한 소스에 찍어 먹는다. 밤과 엿기름으로 맛을 낸 옅은 갈색 소스와 테프, 그 맛은 뭐라 형용할 수 없는 자연을 느끼는 맛이었다.

맛의 예고편이었던 애피타이저가 거의 끝나갈 무렵 이어지는 메인 요리를 위해 웨이터의 권유에 따라 레스토랑으로 자리를 옮겨 앉았다.

기다란 나무를 주요 자재로 인테리어를 꾸민 레스토랑은 마치 통나무 속으로 빨려 들어가는 듯 자연의 느낌이 물씬 풍겼다. 깔끔하게 흰 테이블보를 씌운 크고 작은 원형 테이블들이 드문드문 놓여 있어 넉넉한 실내 공간을 메웠다. 4~5시간 남짓 소요되는 식사 시간 동안 손님들은 아주 독특하고 색다른 요리를 체험하게 된다. 테이블마다 놓인 작은 무

+
홍합은 찐 다음에 훈연한 것이다. 도르르 말은 멸치를 치즈 중앙에 놓은 다음 속은 부드럽게 파마산 치즈로 채웠다.

+
바벨탑을 연상하게 하는 '죄악의 탑(Tower of Sins)'으로 7종류의 초콜릿이 담겨 있는 디저트. 7층으로 된 나무 그릇은 긍지, 시기, 분노 등을 뜻한다.

쇠 절구를 보며 손님 모두 의아해하는 것도 잠깐, 웨이터의 설명에 따라 손님들은 한순간 혼연일체가 되어 일제히 쿵덕쿵덕 절구를 빻기 시작했다. 절구 소리와 함께 허브 향을 맡으며 곧 맛보게 될 요리에 대한 호기심과 궁금증은 상상을 초월했다. 요리를 서빙하는 것만이 아닌 요리를 통한 소리로 미각을 깨우는 무가리츠. 자리에 앉아 음미만 하는 고정틀을 깨버린 이색적인 경험은 손님 모두의 커다란 즐거움인 듯 동시에 커다란 탄성이 쏟아졌다.

무가리츠는 하루에 1,000여 개의 접시를 서빙해 대략 손님 한 사람당 24개 가량을 쓰는 셈이니 엄청나다. 걸맞은 접시에 담겨 나오는 요리마다 한눈에 그 맛을 읽을 수 있다. 그뿐만 아니다. 뜰을 가로지르는 긴 동선을 오가는 웨이터와 웨이트리스의 걸음걸이가 범상치 않다. 서빙하며 마치 춤을 추는 듯 걷는 모습이 이채로워 눈길을 끈다. 댄스 디자이너에게 걷는 훈련을 시키는 무가리츠의 철저한 완벽함을 엿본다.

레스토랑 예약은 늦어도 4개월 전에 해야 하며 드레스 코드는 없다. 점심은 오후 12시 30분에서 5시까지, 저녁 식사는 밤 8시부터 11시까지이며 코스요리는 4~5시간에 걸쳐 계속된다. 식사 예약할 때 알레르기, 원하지 않는 재료, 또는 싫어하거나 금기하는 음식들을 미리 말하면 맞춤형 메뉴를 제공한다.

요리로 세상을 바꾸고 싶은 셰프

안도니는 무가리츠 주방을 연극 무대라고 한다. 손님 맞을 공연을 준비하는 30여 명의 셰프들은 분주하게 움직이며 서로 말을 주고받느라

+
레몬 셔벗. 속을 파낸 레몬 안에 셔벗을 넣고 허브로 장식한 후 묵직한 돌 위에 올린다.

시끌시끌하다. 바로 이 순간을 '전염되는 행복의 한순간'이라고 부른다. 세계 최고급 요리, 쉽게 잊지 못할 기억에 남는 요리의 맛이 새롭게 탄생하는 것이다. 세계 어디에도 없는 요리를 선보이며 장난기 있고 창의적인 방식으로 요리에 접근하는 안도니. 세계에서 주목받는 셰프로 우뚝 선 그를 '반은 미친 과학자, 그리고 반은 요리의 영재'라고 언론은 말한다.

최고의 맛과 멋을 내기 위해 끊임없이 탐구하는 분자요리의 고수 셰프들에게 단련된 안도니는 요리와 과학의 간극을 좁힌 셰프 중 한 사람이다. 분자요리에 대한 정의 또한 색다르다. 사과 껍질을 깎을 때부터 발생하는 산화 작용이나 달걀이 익혀지는 것에서 이미 분자요리는 시작된다고 주장한다. 절대 복잡한 조리법이 아니라 일상의 요리에서 흔히 발생하는 것이라는 역설. 한 예로 안도니는 달걀흰자로 만드는 마카롱의 기본인 머랭을 만들 때 달걀흰자 대신에 달걀이 함유한 단백질 성분을 돼지 피에서 발견했고 유사한 작용을 한다는 것을 알게 되었다. 무가리츠는 상상도 못 해본 돼지 피로 도톰하니 빨갛고 예쁜 머랭을 만든다. 마카롱은 오븐에서 구워지는 동안 피 맛은 사라지고 피 색깔은 다크초콜릿 같은 색으로 변한다. 스페인은 전통적으로 돼지 피로 블랙 소시지를 만드는데 '왜 마카롱은 안 돼?'라는 생각을 하는 안도니.

그의 기발한 발상은 현재 진행형이다.

Epilogue

+
네모진 흰 헝겊 사이에 달랑 한 조각 든 빵 한 개를 손에 들고 와 테이블에 내려놓았다. 그 뒤에 흩어진 조약돌들이 보인다. 메인 식사가 다 끝나자 웨이터는 기념으로 가져가라고 했다. 나중에 알고 보니 디저트 먹을 때 강판에 갈아 넣는 조약돌 모양의 록 슈가(rock sugar)인 것을 모르고 감쪽같이 속고 말았다.

안도니는 이 시대에 가장 영향을 많이 끼친 셰프 중 한 사람으로 꼽힌다. "형편없는 요리를 제공할 수는 없다. 하지만 예상치 못한 질감의 놀라운 요리를 접대할 수 있다." 라고 그는 말한다. 자연의 맛을 품은 요리, 상상을 초월한 요리로 세계 미식가들의 이목을 끌어모은다. 셰프들과 가장 가까운 동료이기도 한 안도니는 그들이 할 수 있다고 생각하는 것보다 더 많은 것을 할 수 있다며 용기를 준다.

세계를 놀라게 하는 맛이 무가리츠에서 시작된다. 그곳에서 요리의 혼을 들여다보았다.

Mugaritz
Otzazulueta Baserria, Alturaaldea 20 zk, 20100 Errenteria, Gipuzkoa, Spain
☎ (+34) 943 522 455

안도니 인터뷰

당신의 요리를 정의한다면?

"즉흥적이고 간단, 철저하다. 몇 가지 재료로 가능한 요리를 만든다. 새로운 것을 만들면 또 다른 것을 생각하며 정말 많은 생각을 한다. 전통 바스크와 클래식을 겸비한 요리이다."

새로운 요리 개발에 어떻게 주력하는가?

"무가리츠의 메뉴는 수없이 바뀐다. 매년 헤아릴 수 없을 정도로 수십 가지에 이르는 새로운 요리를 개발한다. 만들 수 있는 요리가 무궁무진한데 내가 안 하면 누가 하겠는가? 오로지 나 자신과의 긴 싸움일 뿐이다."

무가리츠 요리를 어떻게 묘사하는가?

"자연적인 요리로 다섯 가지 맛의 속성을 이용한 요리를 기틀로 삼는다. 그 어떤 것보다 무가리츠 팀이 어떻게 보고 느끼고 생각하는가의 결과라고 생각한다."

지금까지 가장 힘들었던 것은 무엇인가?

"처음 무가리츠를 열었을 때 이런 시골에 레스토랑을 연 이유나 목적이 뭐냐는 질문을 많이 받았다. 그 누구도 안 한 것을 하면서 사람들을 이해시키기는 쉽지 않았다."

최근에 집착하는 요리가 있다면?

"4개월 된 송아지 요리다. 요리를 하면 고기가 마치 우유 같은, 과자 같은 맛이 난다."

일본을 수차례 방문한 것으로 안다. 차후 레스토랑을 낼 계획이 있는지 궁금하다?

"국내에서의 자리매김을 더욱 든든하게 한 후 외국 진출을 할 생각이다. 아직 구체적인 결정은 없다."

무가리츠의 손님 구성은?

"대부분 휴가에 맞춰 무가리츠를 방문하려고 오래전부터 계획한 사람들이다. 70% 정도가 전 세계에서 찾아오는 손님들이며 나머지는 스페인 사람들이다."

'세계 50 베스트 레스토랑'의 순위에서 줄곧 10위 권을 지키고 있다. 지속해서 상위권을 지키기 위해 어떤 변화와 혁신을 해야 한다고 생각하는가?

"무가리츠를 처음 열었을 때 현재 만들고 있는 요리들은 만들 엄두도 못 냈다. 매우 복잡하고 여러 분야에 걸쳐 일할 수 있도록 이제는 준비를 갖추게 되었고 프로젝트에 더더욱 집중하게 되어 행운이라고 생각한다. 무가리츠는 스스로 개선하는 것을 즐긴다. 최고의 수준에 다다르기 위한 과정을 최종 목표로 삼고 정진할 것이다."

훗날 어떤 셰프로 기억되길 바라는가?

"요리를 먹는 것은 맛의 세상을 여는 것이다. 우리가 사는 땅과 서로를 강하게 연결해 주는 요리를 재창조한 멋진 셰프로 남는 것이다."

Andoni Luis

세기의 요리 명장

'폴 보퀴즈'와 레스토랑

The Great Maestro Paul Bocuse

키 높은 흰 셰프 모자를 쓰고 양팔을 낀 채 지구본 위에 우뚝 서 있는 셰프가 있다. 이 작은 조각상의 주인공은 다름 아닌 젊은 모습의 폴 보퀴즈(Paul Bocuse) 셰프. 그는 프랑스 요리의 역사를 쓴 세기의 거목으로 전 세계 셰프들의 최고 우상이자 아버지라 해도 과언이 아니다. 명망 높은 폴 보퀴즈가 전 생애에 걸쳐 열정을 기울인 '폴 보퀴즈 레스토랑'(Restaurant Paul Bocuse)을 찾아 프랑스의 남부 리옹(Lyon)으로 향했다. 그리고 헤드 페이스트리 셰프 프레데릭 트뤼쇼(Frédéric Truchot)를 만나 인터뷰를 가졌다.

금세기 최고의 레스토랑 '폴 보퀴즈'

세기의 셰프로 꼽히는 폴 보퀴즈의 레스토랑은 파리에서 남동부 쪽으로 490여km 떨어진 예술과 미식의 도시 리옹까지 가야 한다. 그리고 다시 자동차로 20여 분 남짓 걸리는, 약 10km 정도 떨어진 작은 마을 콜롱주 오 몽 도르(Collonges-au-Mont-d'Or)에 위치한다. 숀(Saône) 강을 따라 달리던 택시는 강가에 있는 남다른 독특한 색으로 치장한 건물 앞에 멈춰 섰다. 무척 큰 레스토랑의 건물 외벽은 진분홍, 오렌지, 그리고 올리브 등 다채로운 색이 도드라지게 대비를 이루고 화려해 멀리서부터

눈에 띄었다. 리옹의 유명한 예술 벽화의 일부를 보는 듯 외벽에는 셰프 옷차림의 폴 보퀴즈가 창가에서 주차장을 향해 서 있는 모습이 그려져 있다.

양쪽으로 활짝 열린 대문을 들어서자 왼편으로 늘어선 진분홍색 담벼락에는 요리를 주제로 한 벽화가 가득했다. 레스토랑 입구 앞에 깔린 기다란 동판마다 보퀴즈 셰프가 창설한 세계 요리 대회인 '보퀴즈 도르'(Bocuse d'Or) 셰프 챔피언 대회 우승자들의 이름이 각각 새겨져 있었다.

레스토랑 현관 왼편의 동판에는 Since 1965라고 새겨진 글자 아래 미쉐린 로고와 함께 스타 3개가 자랑스럽게 박혀있다. 현관문을 열고 들어서면 반사되는 통유리 너머로 주방의 분주한 셰프들의 움직임을 살

짝 엿볼 수 있다.

실내는 높은 천장 곳곳에 매달린 샹들리에의 은은한 불빛들이 고풍스러운 나무 장식들과 빈 공간 없이 걸린 액자들을 비춘다. 하얀 테이블보가 씌워진 위에 정갈하게 놓인 식기 세트는 폴과 각별한 친분인 예술가 알랑 바브로(Alain Vavro)가 디자인했으며 1748년 프랑스 로렌 지방에서 시작한 빌레로이 앤 보흐(Villeroy & Boch)가 특별 제작한 것이다.

레스토랑은 세 곳으로 구분되어 폴의 멘토인 페르넝 프엥(Fernand Point)과 아버지 조르주 보퀴즈Georges Bocuse)로 명명된 곳은 25명씩, 그리고 할머니의 이름인 마리 보퀴즈(Marie Bocuse)는 50명의 손님을 수용할 수 있다. 미쉐린 스타 3개를 소유한 가장 오래된 레스토랑을 찾은 손님들은 차분하게 가라앉은 엘레강스 스타일의 인테리어를 즐기며 정찬을 만끽한다.

보퀴즈 가의 내력

인구 4천여 명의 작은 도시 콜롱주 오 몽 도르는 폴의 고향이다. 그는 레스토랑 위층에서 태어났고 선조들 역시 1634년 이래 이 지역에서 12대를 살았으며 대부분 방앗간 주인 혹은 식당 소유주이자 셰프였다.

1765년경 폴의 선조는 콜롱주 오 몽 도르에서 방앗간을 소유했다. 안주인은 옥수수 등 곡식을 빻으러 오는 지역 시골 사람들을 위해 음식을 만들어 요리 솜씨가 널리 알려져 있었다. 파리-리옹-마르세유를 잇는 철도 공사가 착수되면서 1840년, 현재 폴 보퀴즈 레스토랑에서 불과 몇 미터 떨어지지 않은 자리에 있었던 방앗간은 철거되고 그리 멀지 않은 곳에 있는 어느 수도사가 소유했던 한 농가로 이전하게 된다.

몇 세대가 지난 1921년, 폴의 할아버지 죠제프 보퀴즈(Joseph Bocuse)는 숀(Saône) 강가에 처음 열어 가족이 운영하던 아베이 드 콜롱주(Abbaye de Collonges) 레스토랑을 어느 날 느닷없이 보퀴즈 상호와 함께 다른 사람에게 매도하고 만다.

몇 년 후인 1925년, 역시 셰프였던 폴의 아버지 조르주 보퀴즈(Georges Bocuse)는 레스토랑 오텔 뒤 퐁 드 콜롱주(Hotel du Pont de Collonges)를 경영하는 부부의 딸 이르마(Irma Roulier)와 결혼한다. 이 레스토랑이 오늘날 폴 보퀴즈 레스토랑이며 1926년 2월 11일, 이곳에서 폴이 태어난다. 보퀴즈의 아버지 조르주는 레스토랑의 확고한 명성을 얻었지만, 불행하게도 자신의 레스토랑에 보퀴즈라는 이름을 전혀 쓸 수가 없었다. 엎친 데 덮친 격으로 할아버지 레스토랑 아베이 드 콜롱주를 인수했던 주인은 '레스토랑 보퀴즈'라는 이름을 내걸고 오픈한다.

긴 세월이 흘렀지만, 보퀴즈 셰프가 절대 포기할 수 없었던 한 가지. 그것은 할아버지와 아버지가 운영했던 귀중한 레스토랑과 상호였다. 1966년, 보퀴즈 셰프는 드디어 아베이 드 콜롱주 레스토랑과 보퀴즈 상호를 다시 사들이는 데 성공한다. 화려하게 개보수한 아베이 드 콜롱주는 오늘날 피로연과 연회장으로 사용되고 있다. 선조의 상호를 되찾은 그는 레스토랑의 정식 명칭을 폴 보퀴즈 이름을 뒤에 덧붙여 로베르주 뒤 퐁 드 콜롱주 폴 보퀴즈(L'Auberge du Pont de Collonges Paul Bocuse)로 명명했다.

지구본 위에 우뚝 선 셰프

'모던 프랑스 요리의 교황', '세기의 요리사', '세계에서 가장 뛰어난 전통적인 셰프', '누벨 퀴진의 선구자'는 바로 폴 보퀴즈 셰프를 가리키는 최고의 칭호들이다. 1942년, 16살 폴은 셰프를 꿈꾸며 리옹에 있는 아버지 친구의 레스토랑에서 수습생으로 출발한다. 제2차 세계 대전 중 18세에 군에 입대하였으나 군 복무 중 사고로 다치면서 다시 셰프로 복귀한다.

미쉐린 스타를 받은 몇몇 레스토랑을 거친 그는 프랑스 중부의

비엔(Vienne) 주에 있는 라 피라미드(La Pyramide) 레스토랑의 오너 셰프 페르넝 프엥(Fernand Point) 밑에서 가르침을 받았다. '모던 프랑스 요리의 아버지'로 불리는 페르넝은 폴의 절대적인 멘토였다.

라 피라미드에서 6년간 근무한 그는 33세 되던 해에 처가가 운영하는 여인숙과 레스토랑에 합세하면서 주방을 떠맡는다. 2년 뒤인 1961년에는 권위 있는 메이에르 루브리에 드 프랑스(Meilleur Ouvrier de France) 대회에서 우승했으며 세계 레스토랑 오너 셰프들의 절실한 꿈인 첫 번째 미쉐린 스타를 받게 된다. 연이어 그다음 해 스타 2개를, 그리고 1965년에 드디어 미쉐린 스타 세 개를 거머쥐는 크나큰 영광을 누리며 세계적인 레스토랑으로 떠오른다. 이로써 폴 보퀴즈 레스토랑은 세계에서 미쉐린 스타 세 개를 받은 가장 오래된 레스토랑으로 남게 된다. 당시 요리 스타일은 프랑스 전통의 웅장한 그랜드 프렌치(Grand French) 스타일이었지만 나중에는 그보다 좀 더 가볍고 심플한 누벨 퀴진으로 바뀌게 된다.

누벨 퀴진과 폴 보퀴즈

폴은 '새로운 요리법'이라는 혁신적인 누벨 퀴진의 창시자이자 선구자로 알려져 있다. 하지만 누벨 퀴진의 개념은 앙리 고(Henri Gault)와 크리스티앙 미유(Christian Millau)에 의해 고안되었다고 보퀴즈 셰프는 언론에 솔직히 밝힌 바 있다. 프랑스 요리 비평가이자 작가인 이 두 사람은 누벨 퀴진이라는 구절을 최초로 만들어낸 장본인들이다.

폴은 자신의 멘토인 페르넝에게 배웠던 동료 셰프들과 함께 누벨 퀴진에 많은 관심과 함께 매료되었다. 아울러 그를 가르쳤던 프랑스의 유제니 브라지에(Eugénie Brazier)는 1933년 여성 셰프로는 처음으로 미쉐린 스타 3개를 받았으며 최고 6개를 소유한 '셰프의 여왕'으로 일컬어진다. 리옹을 미식의 도시로 바꿔놓은 그녀는 누벨 퀴진과 관련된 중요한 인물 중 한 사람으로 보퀴즈 셰프에게 큰 영향을 끼쳤다.

누벨 퀴진은 현대적인 요리 스타일로 정의된다. 클래식한 프랑스 전통 요리보다는 화려하지 않고 저칼로리와 고품질의 신선한 재료를 강조한다. 즉, 요리 기법은 채소를 살짝 익히거나 드레싱 또는 소스의 지방을 적게 사용하면서 기교 있는 간결한 표현의 연출을 끌어냈다. 1969년, 콩코드 비행기의 첫 운항 때 폴을 비롯한 정상급 셰프들이 준비한 누벨 퀴진 요리가 그 시작의 발판이 되었다. 그 누구보다도 보퀴즈 셰프는 누벨 퀴진 운동의 선두 대열에서 새로운 요리의 개혁을 불러일으킨 가장 중요한 셰프로 꼽힌다.

그뿐만 아니다. 1987년에 세계 요리 대회인 보퀴즈 도르(Bocuse d'Or)를 발족해 2년마다 리옹에서 대회가 개최된다. 이 대회는 전 세계 셰프들이 국제적인 행사에 참가해 그들의 기능을 한껏 발휘할 기회를 마련하는 명성 있는 세계 요리 대회로 자리매김했다. 1990년에는 호텔 요리학교인 앙스티튜 폴 보퀴즈(Institut Paul Bocuse)를 공동 창설해 재능 있는 젊은 셰프들을 양성한다.

또한, 미국의 저명한 요리학교 CIA는 2011년에 주최한 행사에서 보퀴즈 셰프를 지난 1세기 동안 세계 최고의 셰프로 지목, '세기의 셰프'(Chef of the Century) 타이틀을 수여했다.

향년 92세 나이로 세상을 떠난 폴 보퀴즈 셰프. 요리계의 레전드인 그는 역사상 가장 위대하고 탁월한 셰프로 극찬 받는 프랑스 요리의 거장이다.

고집스러운 미식의 성전

미쉐린 스타 3개를 받은 지 50여 년이 넘은 폴 보퀴즈 레스토랑은 고전적인 전통 프랑스 요리의 성전으로 남아 있다. 요리 스타일은 전형적인 오트 퀴진 또는 그랑 퀴진으로 '고급요리, 고도의 수준'이라는 뜻 그대로 프랑스의 고급 레스토랑이나 일류 호텔에서 제공하는 최고급 요리가 귀한 와인과 함께 올드 스타일 서비스로 제공된다. 놀랄 만큼 근사하고 획기적으로 연출한 요리가 담긴 접시보다는 흥미롭게도 여느 레스토랑에 비하면 풍성할 정도로 양이 넉넉한 전통 프랑스 요리를 만난다.

7개의 요리 코스인 그레이트 전통 클래식(Grande Tradition Classique), 그리고 4개, 6개인 코스 메뉴도 있다. 아울러 메뉴를 개별적으로 고를 수 있는 아 라 카트(à la carte)도 준비되어 있다.

레스토랑에서 40여 년이 넘도록 같은 요리들이 한결같이 메뉴에 등장한다는 것은 흔치 않다. 그러나 이 레스토랑에는 1975년부터 고정적으로 오르는 메뉴가 있다. 레스토랑을 대표하는 유명한 요리는 다름 아닌 검은 송로버섯 수프(black truffle soup)다. 이 수프는 당시 폴이 발레리 마리 르네 지스카르 데스탱(Valéry Marie René Giscard d'Estaing) 대통령을 위해 고안한 것이다.

비프 콩소메(consommé)에 푸아그라(foie gras: 오리나 거위의 간으로 만듦)와 샐러리, 당근, 양파, 검은 송로버섯(black truffle)을 넣어 만든 수프를 그릇에 담고 그 위를 퍼프 페이스트리(puff pastry)로 덮어 오븐에 구워낸다. 퍼프 페이스트리로 뚜껑을 덮어 송로버섯의 깊고 고유한 향이 새어나가는 것을 막아준다. 그윽한 향을 음미하는 이 수프는 오늘날까지 서빙되는 폴 보퀴즈 레스토랑의 시그니처 요리이다.

전 현직 대통령들의 입맛을 홀리게 한 폴 보퀴즈. 그는 생애 중 가장 기억에 남는 전무후무한 요리로 샤를 드골(Charles de Gaulle) 대통령을 위해 만든 브레스 치킨(bresse chicken)을 꼽는다. 통닭을 송로버섯과 함께 소의 방광에 넣어 요리한 것으로 손님 앞에서 마치 풍선을 터뜨리듯 방광에서 닭을 꺼내 직접 서빙하는 독특한 조리법의 요리다.

메뉴를 수없이 바꾸어 가며 새로운 요리를 개발하는 데 전념하는 여느 셰프들과 달리 폴 보퀴즈 레스토랑의 메뉴는 오픈 이래 고집스럽게 거의 바뀌지 않았다. 보퀴즈 셰프는 '가장 큰 변화는 아무것도 바뀌지 않은 것'이라며 스스로 아주 자랑스럽게 여긴다. 하지만 개중 날카로운 비평가들은 보퀴즈 셰프 스타일은 이미 지나간 세대라는 혹평을 가차 없이 쏟아붓기도 한다.

페이스트리 주방을 움직이는 작은 거인

폴 보퀴즈 레스토랑의 헤드 페이스트리 셰프 프레데릭 트뤼쇼(Frédéric Truchot)와 인터뷰를 앞두고 홍보 매니저에게 셰프의 이력서를 부탁했었다. 전해 받은 그의 경력은 전혀 뜻밖이었다. 지긋한 나이에 높은 경륜을 쌓은 화려한 프로필을 기대했던 나의 예측은 완전히 어긋났으며 풋풋한 20대 셰프의 프로필은 너무나 간략했다. 프레데릭 셰프를 만나기 전까지 그에 대한 궁금증만 더해갔다.

약속된 오전 10시, 홍조 띤 얼굴로 레스토랑으로 걸어 들어오던 프레데릭은 왜소한 체구에 생각보다 훨씬 더 앳되 보였다. 세계적인 레스토랑의 젊은 헤드 셰프의 흰 재킷 왼쪽 가슴에 수 놓은 세 개의 미쉐린 스타가 유난히도 크게 보였다.

14세부터 3년간 전반적인 주방 일을 두루 거친 프레데릭 셰프는 유독 페이스트리에 관심을 가졌다. 그로부터 3년 뒤인 2008년, 폴 보퀴즈 레스토랑에서 5년 근무하는 동안 일 년간 집중적으로 페이스트리 분야에 전념, 마침내 19세에 페이스트리 셰프가 되었다.

프레데릭 셰프는 폴 보퀴즈 레스토랑과 인연이 깊다. 2013년, 마침 폴

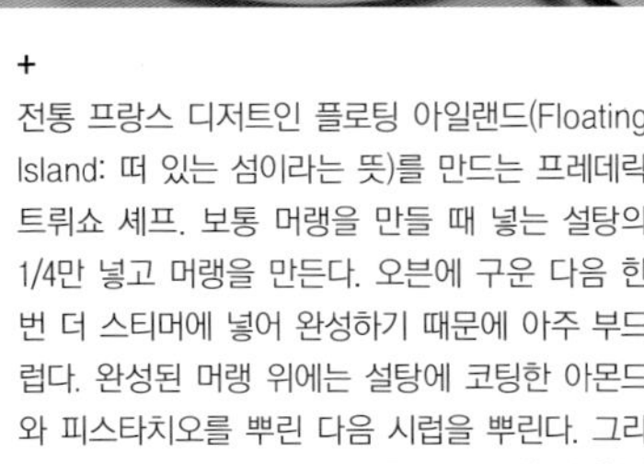

+
전통 프랑스 디저트인 플로팅 아일랜드(Floating Island: 떠 있는 섬이라는 뜻)를 만드는 프레데릭 트뤼쇼 셰프. 보통 머랭을 만들 때 넣는 설탕의 1/4만 넣고 머랭을 만든다. 오븐에 구운 다음 한 번 더 스티머에 넣어 완성하기 때문에 아주 부드럽다. 완성된 머랭 위에는 설탕에 코팅한 아몬드와 피스타치오를 뿌린 다음 시럽을 뿌린다. 그리고 크렘 앙글레즈를 부어 진한 바닐라 향과 함께 먹는다.

보퀴즈 레스토랑에서 헤드 페이스트리 셰프를 모집한다는 소식을 들은 그는 절호의 기회로 생각하고 도전한다. 경합에 나선 4명의 셰프 중 프레데릭의 표현 그대로 '엄청난 행운'과 함께 세계적인 폴 보퀴즈 레스토랑의 헤드 페이스트리 셰프라는 커다란 직책을 떠맡게 된다. 당시 나이는 불과 22세. 첫 근무를 시작한 날의 가슴 벅차던 순간을 잊지 못하는 그는 "내가 가진 열정을 쏟아 바쳐 최선을 다해 노력하겠다."고 마음먹었다고 되뇐다.

주방에는 총 30여 명의 셰프가 근무하며 페이스트리 셰프 3명이 프레드릭 셰프와 호흡을 맞춘다. 정통 프랑스 고급 요리 레스토랑의 전례대로 모든 디저트는 테이블 위에 디스플레이 한다. 클래식 페이스트리 디저트들은 손님이 직접 보고 선택한 것을 서빙하는 전통 방식을 따른다. 서너 종류의 디저트는 고정적인 메뉴이며 계절에 따른 과일로 만든 15개의 디저트는 종류별로 계절마다 바꾸고 있다.

+
꽃처럼 화려한 모양새를 자랑하는 프레지던트 초콜릿 케이크

L'Auberge du Pont de Collonges
40 quai de la Plage 69660 Collonges-au-Mont-d'Or
☎ (+33) 472429090

프레데릭 셰프 인터뷰

특별히 페이스트리 셰프가 되고 싶었던 어떤 계기가 있었나?

"요리하는 것을 워낙 좋아했지만, 유달리 창조적이고 달콤한 디저트와 페이스트리에 끌렸다. 수년간 주방에서 요리하면서 결국 내가 뭘 좋아하는지 서서히 알게 되었다."

2008년, 폴 보퀴즈 레스토랑에서 일하기 시작한 첫날 기분은 어떠했나?

"레스토랑 대문 앞에 도착하니 마음이 너무나 두근거리고 어쩔 줄 몰라 내내 서있었다. (갑자기 얼굴이 붉어지기 시작하며) 그때 마침 마당을 거닐던 폴 셰프가 내게 다가와 꿈인 줄 알았다. 말을 건네던 셰프에게 덜덜 떨면서 주방 일을 하러 왔다고 대답한 기억이 난다.

23세에 세계적인 레스토랑의 헤드 셰프가 되었다. 어떤 느낌과 생각이 들었는가?

"폴 보퀴즈 레스토랑에서 헤드 셰프로 일한다는 것을 상상도 못 했었다. 굉장히 많이 떨렸다. (얼굴이 붉어진 채) 내게 폴 셰프는 교황님 같은 분이다. 그의 전통을 이어 가는 훌륭한 셰프가 되리라 다짐했다. 폴 보퀴즈 레스토랑에서 평생 일하고 싶다."

폴 보퀴즈 셰프를 어떻게 생각하는가?

"보퀴즈 셰프는 셰프들의 아버지다. 그는 우리에게 아들과 딸과 같다고 늘 말한다. 전통을 기본으로 가장 중요하게 여기는 폴 셰프 자체가 전통이라고 생각한다. 개척자와 다름없는 존재이며 세기의 셰프 앞에서 겸허하게 된다."

본인의 맛, 기술과 표현 기법을 어떻게 유지하는가?

"매일 다른 맛이 궁금하고 새로운 것을 만들어 보고 싶어 한다. 이리저리 바꿔보기도 하고 연습을 하다 보면 실수는 다른 아이디어를 가르쳐 준다. 또 다른 레시피가 만들어지는 무척 흥분된 순간이다. 나만의 레시피를 작성해 항상 공부하고 연습한다. 멈추지 않는 노력이 뒤따를 뿐이다."

특히 좋아하는 재료와 도구는 어떤 것인가?

"생강을 좋아한다. 생강을 갈아 파인애플 타르트에 넣으면 맛의 하모니가 굉장히 훌륭하다. 도구는 작업 후 깔끔하게 정돈해 주는 스크레이퍼를 좋아해 자주 사용한다. 스크레이퍼는 흩어진 것들을 한 곳으로 모아주는 도구의 역할을 하지만 하나의 팀을 이뤄 일하는 폴 셰프의 정신과 그 뜻이 일치하기도 한다."

본인의 디저트에 대한 맛의 평을 한다면?

"폴 셰프의 귀중한 레시피를 따른다. 전통 디저트 50%에 새로운 맛 50%가 가미된 프랑스 디저트이다."

책상 앞에 붙여 놓은 명언은?

"(수줍게 웃으며) 내 마음에 늘 새기는 두 가지가 있다. '사람들은 어려운 것을 하려고 하지만 오히려 간단한 것이 더 어렵다.' '너무 멀리 바라보지 않고 가까이 있는 것을 주시해라.'"

PAUL BOCUSE
Frédéric Truchot
Chef Pâtissier
Paul Bocuse
France

Epilogue

프레데릭 셰프와 인터뷰하는 동안 폴을 말할 때마다 몇 번씩이나 소년처럼 후끈 달아오르던 그의 얼굴에서 폴에 대한 뜨거운 존경심을 엿볼 수 있었다. 나는 인터뷰를 마치면서 남다른 철학에 깊은 감명을 받았다는 인사말과 더불어 웃으면서 20대에 세계적인 레스토랑의 헤드 셰프 된 것을 시샘한다고 말하자 그의 얼굴은 또다시 벌게졌다.

점심시간을 앞두고 준비한 몇 가지 디저트를 마무리하기 위해 서둘러 주방으로 가는 그를 따라나섰다. 주방에 들어서자 인터뷰 때 몇 번씩 얼굴을 붉히며 수줍어하던 프레데릭 셰프는 굳은 표정과 날카로운 눈매로 디저트를 만드는 작은 거인으로 돌변했다.

주방에서 분주히 점심을 준비하는 셰프들 사이에서 폴 보퀴즈 셰프의 모습은 더 이상 볼 수 없었다. 하지만 한창 활동했을 때 그의 모습을 그려보며 이 주방을 거쳐 간, 세계 각지에서 활발히 활동하는 셰프들 생각에 나는 한참 동안 주방을 서성거렸다.

"셰프와 댄서는 같은 이상을 공유한다. 그들의 움직임과 창의성은 예술에 대한 열정 속에 완벽한 움직임과 기술적 우수성을 위한 탐구이다."

– 폴 보퀴즈

"The chef and the dancer share a same ideal: movement and creativity, a quest for the perfect movement and technical excellence in their passion for their art."

– Paul Bocuse

프랑스의 문화 바게트를 굽다

크로아티아의 천상의 맛

로텐부르크의 슈네발

독일 전통 케이크의 왕

잘츠부르그의 달콤한 맛이 부른다

깊은 빵의 역사를 굽다

3
장

전통을 지키는 장인의 손맛

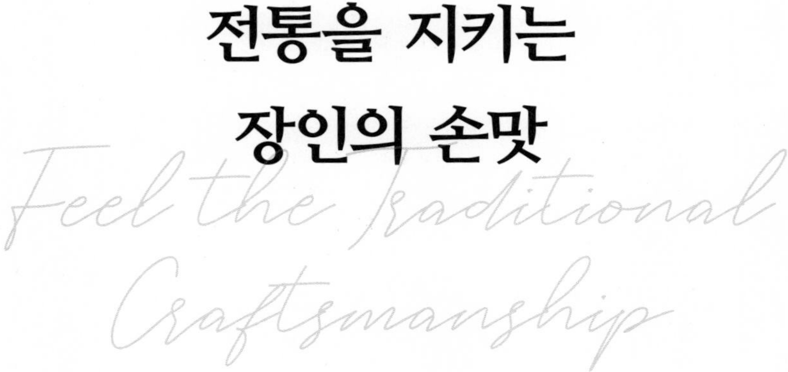

프랑스 문화를 바게트에 담아 굽는

파리의 제빵사들

The Best Baguette in Paris

가지각색으로 만드는 빵 모양은 나라마다 아주 독특한 특징이 있다. 유독 기다랗게 생긴 빵, 바게트(baguette)를 즐겨 먹는 프랑스인들. 파리는 바게트를 들고 가는 파리지앵이 있어 더더욱 낭만적이다. 부서지듯 바삭바삭하고 쫄깃한 맛을 내는 바게트의 질감은 색다르다. 딱 맞게 간이 된 음식처럼 입에 들어가는 순간 착 달라붙는 고소한 바게트. 바로 그런 맛을 구워 파리 전통 바게트 대회에서 1등을 차지한 파리의 세 제빵사를 만나 보았다.

프랑스의 아이콘, 바게트

프랑스를 상징하는 음식이라면 두말할 것 없이 떠오르는 바게트는 문화 대사나 다름없다. 파리를 즐길 수 있는 색다른 기쁨이 있다면 불랑제리에서 바삭바삭한 바게트를 사 먹는 것이 아닐까 싶다. 기다랗게 생긴 빵 모양처럼 바게트는 프랑스어로 지팡이 혹은 막대기 등을 뜻한다.

자칫 긴 역사를 지닐 것 같은 바게트라는 이름은 알고 보면 1920년경까지 빵을 지칭하는 단어가 아니었다. 하지만 오늘날 바게트로 알려져 있는 빵은 훨씬 이전부터 존재했다고 한다. 빵의 유래는 루이 16세 시절의 길고 넓적한 빵, 19세기 중반 오스트리아 빈의 기다란 모양인 비에느와 빵(pain viennois), 그리고 카이저 롤(kaiser roll: 둥근 하드 롤빵) 등으로 전해진다. 19세기 초에 개발된 스팀 오븐은 오스트리아의 여러 빵과 함께 처음 프랑스에 도입되어 바삭하고 윤기 도는 껍질과 속이 부드러운 가벼운 빵을 만들게 되었다.

1929년 10월, 프랑스는 제빵사들을 위한 노동법을 제정해 오후 10시부터 다음날 오전 4시까지만 일하도록 했다. 이로 인해 제빵사들은 커다란 둥근 전통 빵을 구워 아침 식사에 맞춰 내는 것이 불가능해졌다. 제빵사들이 준비하기 쉽고 빨리 구울 수 있는 길고 가느다란 빵으로 고민을 해결하면서 바게트가 그 문제의 해결사로 탄생하였다.

프랑스는 1993년 제정된 법에 따라 전통 바게트(baguette de tradition)는 빵 반죽 등 모든 작업이 작업실에서 이뤄져 신선한, 즉 절대 얼리지 않은 빵으로 규정짓는다. 아울러 4가지 재료인 밀가루, 물, 이스트, 소금만으로 만들고 그 외 첨가물은 엄격히 금지한다. 바로 이 법을 지켜 만든 바게트만이 이름 앞에 '전통'을 붙여 판매할 수 있다. 또한 사우어도 스타터(sourdough starter)를 이용해 굽는 빵을 제외한 24시간 안에 굳어지는 빵 종류, 특히 바게트는 매일 굽도록 되어 있다. 네 가지 재료로 빚는 전통 바게트는 만드는 것이 단순해 보이지만 숙련된 제빵사의 '노하우'가 뒤따른다. 바게트는 우리가 흔히 아는 평범한 모양 외에 생김새, 크기, 굵기 등에 따라 이름도 다른 여러 종류의 바게트가 있다. 밀 이삭처럼 모양을 낸 에피(epi), 굵기가 약간 좁은 플루트(flute), 이보다 더 길고 가느다란 피셀(ficelle) 등 다양하다.

최고의 맛을 뽑는 '파리 전통 바게트 대회'

파리 시는 1993년부터 '파리 전통 바게트 그랑프리대회'(Grand Prix de la Baguette de Tradition Française de la Ville de Paris)를 연다. 출전 자격은 파리의 1천2백여 개나 되는 빵집의 제빵사들에게 주어지며 그중 최고의 바게트를 해마다 뽑는다.

+
손잡이만 종이로 감싼 바게트. 비닐봉투에 넣으면 눅눅해져서 종이봉투에 넣거나 이렇게 살짝 종이로 감기만 한다.

특별 심사위원단은 전문 제빵사, 전 대회 우승자, 제빵협회 관계자, 저널리스트, 제빵 업자들로 구성되어 심사한다. 2013년 4월 25일에 개최된 제19회 대회에는 204명의 제빵사들이 출전했다. 엄격하게 제한된 빵 규격에 합격한 152명 만이 통과되어 경합을 벌였다.

종이에 번호만 쓰여 두 개씩 제출된 바게트는 대회 규정에 따라 바게트의 길이 55~65cm와 무게 250~300g을 측정하는 1차 심사를 받는다. 15명의 심사위원은 세 그룹으로 나뉘어 바게트의 외관, 맛, 냄새, 빵 구조의 질감, 구워진 상태의 색깔, 이렇게 5가지를 각각 4점씩 채점해 총 20점 만점으로 우승자를 가리게 된다. 바게트는 옆으로 길게 잘라 냄새를 맡고 빵 단면에 드러난 크고 작은 수많은 구멍을 심사한다. 빵 속의 말랑하고 쫄깃한 맛과 탄력성, 그리고 적당한 두께로 구워진 바삭한 빵 껍질의 상태도 중요한 기준이다. 세 시간에 걸쳐 일일이 바게트를 먹어봐야 하는 심사위원들은 부럽고 즐거운 고행을 한다.

심사 당일에 최고 우승자를 포함한 입상 순위 10명까지의 명단이 정식 공개된다. 1등은 포상으로 4천 유로(약 530만원)의 상금 외에 1년간 대통령이 거주하는 엘리제 궁에 매일 바게트를 공급하는 최고의 영예가 주어진다.

꿈을 안은 2013년도 우승자 '리다'

런던에서 파리행 유로스타를 탔다. 며칠 머무는 동안 17회부터 19회 대회까지 파리 전통바게트대회에서 우승한 빵집들을 찾아갈 계획이었다. 19회 대회 우승자인 리다 카데흐(Ridha Khadher)를 만나기 위해 그의 빵집에 전화를 걸어 미리

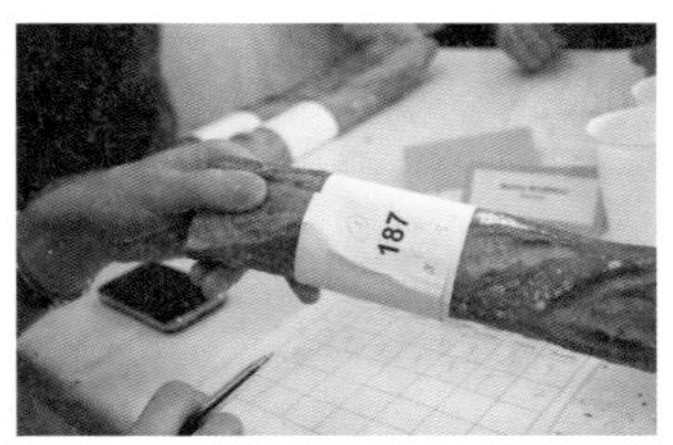

+
187번 번호가 붙여진 리다의 바게트를 심사하는 장면.

+
19회 대회 우승자 리다

취재 일정을 잡았다.

빨간색 매장 입구에는 상호인 '대식가의 파라다이스'(Au Paradis du Gourmand)가 작은 글씨로 쓰여 있고 아티장 불랑제(artisan boulanger: 장인 제빵사)는 도드라지게 큰 키였다. 유리창 한편에는 일등 상을 받은 광고와 엘리제 공식 납품업자라는 문구가 쓰여 있었다. 매장에는 부인 이자벨(Isabelle)과 딸 사라(Sara), 단둘이서 길게 늘어선 손님들을 맞느라 분주했다. 이자벨은 리다가 엘리제 궁에 바게트를 배달 갔다며 곧 돌아올 거라고 했다. 매장 선반 위에는 우승 트로피가 놓여 있고 한쪽 벽에 상장과 프랑수아 올랑드 대통령과 함께 찍은 사진이 걸려 있었다.

얼마 지나자 사진 속의 낯익은 리다가 환하게 웃으며 매장으로 들어섰다. 얼마나 자랑스럽고 뿌듯할까 싶을 정도로 함박웃음이 터질 듯 눈웃음치는 리다는 더없이 행복해 보였다. 내게 여러 신문과 잡지에 실린 자신의 관련 기사들과 사진을 보여주던 뿌듯한 그의 얼굴엔 흐뭇한 미소가 떠나질 않았다.

튀니지 태생의 리다는 15살 때 부모님과 일곱 형제자매와 헤어져 두 형과 함께 프랑스에 이민 왔다. 튀니지를 떠날 때 엄마는 막내인 리다에게 제빵사이자 페이스트리 셰프인 형에게 기술을 배우라고 당부했다. 파리에 처음 와서 페이스트리 셰프로 일했지만 그는 제빵에 더 관심을 가졌다. 12년 간 형 빵집에서 제빵 기술을 배우며 일한 후 따로 독립한 지 7년이 되었다.

+
작두 모양의 칼로 긴 바게트를 자른다.
반만 사가는 손님을 위해 바게트를 반으로 잘라 판다.

리다는 2007년도 대회에 처음 출전해 낙방을 하기도 했다. 대회를 위해 꾸준히 연습한 리다는 19회 대회에 재도전해 우승의 영예를 안았다. 전화로 우승 소식을 통보받았을 때 그는 정말이냐고 두 번씩 물었다며 당시 흥분된 순간의 감정을 애써 누르는 듯했다.

어떻게 전통 바게트를 만들어야 일등을 하느냐고 노하우를 물었다.

유기농은 아니지만 바네트(Banette) 회사 제품의 품질 좋은 밀가루를 쓴다고 한다. 그리고는 냉장고에서 24시간 저온 발효시킨 빵 반죽이 든 통을 꺼내 보였다. 바게트를 굽는 온도는 스팀 오븐 260℃에서 22분, 정도이며 반죽 성형에서 완성되기까지 5~6시간 정도 걸린다고 한다. 두 시간이면 완성되는 여느 바게트에 비해 전통 바게트는 시간이 꽤 오래 걸린다. 반죽을 치대는 방식, 발효 시간, 그리고 반죽을 어떻게 성형하는가에 따라 훌륭한 바게트가 만들어진다고 상세히 설명해 주었다. 엄마가 만드는 빵의 레시피를 응용한 비밀 레시피라며 리다는 혼자서 빵 반죽을 만든다고 한다. 그러나 그는 실제 비밀이란 '열심히 일하는 것'이라고 덧붙였다.

그는 잠이 없다. 아니 잠이 모자란다. 새벽 3시에 작업을 시작해 밤 9시에 두 제빵사와 함께 일을 마친다. 오전 6시부터 빵을 판매해 저녁 9시에 문을 닫으며 매장은 월요일부터 토요일까지 연다.

맛있는 빵을 먹는다는 것은 진정한 빵 맛을 알게 되는 커다란 기쁨이 아닐 수 없다. 사실 나는 파리의 바게트는 다 맛있을 것 같은데 우승 한 바게트 맛은 대체 뭐가 다른지 궁금증이 났다. 리다는 바게트를 갖고 오더니 내게 직접 만져보라고 했다. 손에 느껴지는 촉감은 말 할 수 없이 까칠했다. 바게트를 세게 잡아보라고 해 꾹 쥐어 누르자 빵이 바스러지는 요란한 소리는 귀를 즐겁게 했다. 당장 떼어먹고 싶은 충동이 일었다. 빵을 길게 반으로 가르자 허연 속살이 드러나고 헤아릴 수 없이 크고 작은 구멍이 숭숭 나 있었다. 리다는 코에 가까이 대고 냄새를 맡아보라고 했다. 촉촉한 속살에서 폴폴 새어 나오는 신선한 빵 냄새가 더없이 좋았다. 바로 이 세 가지가 우승의 필수 조건이자 빵 맛의 최대 관점인 것이었다.

어렵고 까다로운 입상의 대가는 당연히 컸다. 수상 직후 리다의 수입은 껑충 올랐다. 평상시 300여 개씩 굽던 전통 바게트를 800~900여 개나 만든다. 그리고 새로운 즐거움도 생겼다고 했다. 그에게 새로운 즐거움이란 엘리제 궁에 전통 바게트 15개와 롤빵 50개를 만들어 매일 직접 배달 가는 일이다.

매장에는 바게트로 만든 30여 종의 샌드위치를 판매한다. 그중 닭가슴살, 토마토, 치즈, 올리브, 양파 등 갖가지 재료를 넣어 만든 바게트가 제일 인기 있다며 이자벨이 추천한다. 마침 방학 중인 18세 된 딸 사라는 오전 8시에 출근해 혼자 일하는 엄마의 일손을 거든다. 일등 제빵사인 아빠가 무척이나 자랑스럽다는 그녀는 수의사를 꿈꾼다.

20점 만점에 총점 20점을 받은 리다의 바게트. 어떤 맛인지 궁금해 기다릴 수가 없어 리다가 잘라 놓은 바게트를 집어 들었다. 양쪽으로 잡아뗀 바게트는 속살이 찢어질 듯 늘어났다. 입안에서 사각거리며 쫄깃쫄깃 씹히는 고소한 바게트를 먹느라 나는 인터뷰에 집중할 수가 없었다. 6년 내리 몽마르트르 지역에 있는 빵집들이 대회에서 우승한 기록을 깨버린 40세의 제빵사 리다. 파리의 빵 맛이 젊어지고 있다.

Au Paradis du Gourman
156 Rue Raymond Losserand, 75014 Paris, France
☎ (+33) 1 45 43 90 24

18회 대회 베스트 바게트, 모뷰 빵집

18회 대회에서 수상한 블랑제리 모뷰(Boulangerie Mauvieux)를 가기 위해 메트로 12번을 타고 몽마르트르 역을 지나 두 번째 정류장에서 내렸다. 길가 코너에 예쁜 파란색 빵집이 한눈에 들어왔다. 그리 크지 않은 매장의 쇼케이스 한쪽 위에 놓인 멋진 상장과 트로피가 근사했다.

22살 때 페이스트리 셰프였던 세바스티앵 모뷰(Sébastien Mauviex). 그는 빵 굽는 일이 더 재미나서 8년 전부터 빵을 굽기 시작한 늦둥이 제빵사이다. 대회에서 1등을 차지한 한 몽마르트르에 있는 빵집 중 하나로 6번째 우승자이기도 한 그는 '맛있는 빵을 사려면 몽마르트르로 가라'는 소문을 지켜주었다.

+
18회 대회 우승자 세바스티앵 모뷰

1등 했을 때 세바스티앵의 당시 나이는 만 37세. 대회에 3번째 재도전하면서 가장 조심스러웠던 것은 똑같은 길이로 바게트를 만드는 것이었다고 회고한다. 전통 바게트 레시피를 묻자 그는 주저하지 않고 선뜻 가르쳐 줬다. 밀가루 1kg, 물 700g, 소금 18g, 이스트 8g을 넣어 반죽한 후 12시간 동안 저온 숙성시킨다고 한다.

제빵사들은 하나같이 다들 부지런하다. 같은 건물 위층에 사는 그는 새벽 3시 30분이면 지하 작업실로 내려와 직원과 함께 일일이 손으로 반죽을 빚는다. 굽기 직전 빵 반죽 위에 칼집을 그을 때 칼날의 위치가 중요하다고 귀띔해주었다. 일자로 살짝 가볍게 긋지 않으면 표면이 너무 활짝 벌어져 구워질 때 바게트의 모양이 뒤틀린다고 한다. 250℃에서 22분간 구어 낸 바게트는 절정의 독특한 황금빛을 발한다. 세바스티앵은 뽀얀 빵 속에 나 있는 수많은 구멍은 맛을 더해준다며 반으로 가른 바게트 속을 자신 있게 보여줬다.

역시 1등은 최고의 선물이었다. 세바스티앵은 우승하고 나니 자신에게 놀라운 일들이 벌어졌었다며 환하게 웃었다. 모뷰 빵집 역시 전례에 없던 호황을 누렸다는 사실. 300개씩 판매하던 전통 바게트를 수상한 다음 날에는 900여 개나 만드는 기록을 세웠다. 요즘은 대략 600~700여 개를 만들지만 껑충 오른 획기적인 판매량이다. 사업을 확장해 제품의 품질을 떨어뜨리기보다는 현재의 작은 매장에서 절대 만족한다는 세바스티앵. 전통 바게트 가격은 1유로 50센트(약 2천원)이며 일반 바게트보다 조금 더 비싸다. 매장은 오전 7시부터 저녁 8시 30까지 열며 토요일과 일요일은 쉰다.

세 번째 만에 우승을 거머쥔 그에게 전통 바게트 대회는 커다란 도전이었다. 무엇이든 할 수 있다는 자신감, 그리고 맛있는 빵을 만들려면 충분한 시간을 가져야 한다는 1등 제빵사. 매일 배우는 자세로 빵을 만들고 늘 잘하려고 노력하는 세바스티앵은 항상 자신에게 묻는다.

'나는 좋은 빵을 만들고 있는가?'

Boulangerie Mauvieux
159 Rue Ordener, 75018 Paris, France
☎ (+33) 1 42 62 76 70

2011년은 파스칼 제빵사의 해

몽마르트르로 가는 메트로 12번을 타고 아베스(Abbesses)에서 내렸다. 지하철 입구를 나서서 몽마르트르 언덕으로 오르는 왼쪽 길을 두고 두 번째 길을 따라 50여m 걷자 왼편에 새파란 색으로 단장한 작은 빵집이 보였다.

\+
19회 대회 심사위원으로 발탁되어 심사하는 파스칼

1988년 3월에 이곳에 문을 연 오 르방 당땅(Au Levain d'antan: 전통 방식으로 만든다는 의미) 빵집의 주인 파스칼 바리옹(Pascal Barillon)은 정 많은 동네 빵집 아저씨 같은 넉넉한 인상이다. 1974년에 제빵사가 된 파스칼은 대회에 출전한 지 세 번째인 17회 대회에서 1등의 영광을 차지했다. 그리고 19회 대회에는 심사위원으로 발탁되기도 했다.

아직도 우승한 기쁨에 자랑스럽고 만족할 것 같은데 그는 또다시 대회에 도전할 꿈을 꾸고 있다. 대회 규정상 4년 후에나 참가할 수 있어 기다리고 있다는 파스칼. 한번 하기도 힘든 1등을 하고도 재도전하려는 그 이유가 남다르다. 동기부여와 노력을 게을리하지 않기 위해 나이를 더 먹어도 시도해 보겠다는 그의 결심은 단호했다. 수상 당시 '직원 모두에게 더할 수 없이 중요한 팀워크(teamwork)의 결과'라고 소감을 밝히며 7명의 직원과 함께 영광의 순간을 나눴다.

좁디좁은 매장 한구석에 서서 인터뷰를 하는데 갑자기 손님 7~8명이 늘어서더니 줄은 출입구 바깥으로 길게 이어졌다. 깜짝 놀라 시간을 보니

+
17회 대회 우승자 파스칼 바리옹

저녁 6시경이었고 7시 반까지 항상 바쁜 시간이라고 했다. 파스칼은 줄 선 손님들을 바라보며 '찾아오는 손님들만 봐도 행복하다'고 흐뭇해했다.

매장에 연결된 문을 통해 파스칼을 뒤따라 작업실로 들어서니 온갖 기계 장비들이 가득했고 한편에는 바게트를 구울 준비가 한창이었다. 이내 파스칼은 빵 반죽 위에 칼집을 5번씩 재빠르게 긋더니 밀가루를 살짝 뿌려 오븐에 넣었다. 하루에 전통 바게트만 700개씩 굽고 있으며 오전 7시부터 저녁 9시까지 판매한다. 새벽 2시~오전 7시, 오후 12시~2시, 저녁 6시~9시까지 작업하는 그는 잠은 언제 잘까 싶을 정도로 부지런하다. 어떻게 하면 맛있는 빵을 만들까 아직도 고민한다는 파스칼. 그는 직원들에게 빵 잘 만드는 법을 가르치기 위해 노력하는 각별한 제빵사이다. 두 딸은 빵에 대한 관심이 없다며 이내 섭섭한 내색을 감추지 못했다.

17회 대회 베스트 바게트의 주인공은 좋은 바게트를 만드는 중요한 조건을 이렇게 정의한다. 반죽 만들기부터 마칠 때까지 '시간이 만드는 빵'이라고. 밀가루 부대에 넣은 바게트를 들고 레스토랑에 배달 가는 파스칼의 뒷모습을 보며 "작은 시간이 모여 완성되는 성공의 길"이라는 그의 말을 되새김했다.

Au levaind'antan
6 Rue des Abbesses, 75018 Paris, France
(+33) 1 42 64 97 83

Epilogue

베스트 바게트의 세 우승자를 만나 보니 강한 승부 근성과 한 번의 우승에 그치지 않는 꾸준한 도전 정신이 부러웠다. 스스로 나태해지는 것을 용납하지 않는 그들은 재도전을 위해 4년 뒤를 기다리고 있다. 두 번씩 1등을 하며 맛의 기록을 갱신할 제빵사들로 파리의 빵집은 의욕이 넘친다. 몇 년 후, 새로운 우승 소식을 멋지게 알려 줄 이들을 기대해 본다.

+
바게트를 사 들고 매장을 나서는 한 파리지엥.

크로아티아의 심볼과 천상의 맛

'리치타르'와 '뷰렉'

Croatian Licitar and Burek

여행 책자에서 우연히 크로아티아를 보던 나는 눈을 의심했다. 세계에서 가장 아름답다는 플리트비체(Plitvice) 국립공원의 믿기지 않는 기막힌 절경에 숨이 막혀왔다. 한순간 크로아티아에 빠져버린 어느 해 가을날, 급기야 나는 크로아티아로 떠났다. 그리고 고고한 미가 흐르는 크로아티아의 역사와 자연의 멋만큼이나 값진 전통의 맛을 원없이 즐겼다. 크로아티아의 색다른 맛을 만나보자.

소소해서 더욱 특별한 뷰렉(Burek)

유럽 남동부에 위치한 발칸 반도의 보석, 숨 막히도록 아름다운 크로아티아. 아드리아 해 건너편으로 이탈리아를 마주한 크로아티아의 지형은 긴 꼬리 모양을 하고 있다. 1991년 유고슬라비아에서 독립한 크로아티아는 그동안 숨겨진 매혹적인 풍광을 드러내면서 선망의 여행지로 떠오르고 있다.

서서히 가을로 들어서던 9월 중순, 크로아티아의 수도 자그레브(Zagreb)를 기점으로 남부의 역사적인 도시 두브로브니크(Dubrovnik)까지 여행하면서 열흘 내내 천혜의 경치와 또 다른 전통의 멋과 맛에 나는 흠뻑 빠지고 말았다. 영국 히드로 공항에서 3시간 남짓한 거리의 가까운 자그레브. 마냥 궁금했던 도시 자그레브에 도착하자마자 나는 곧바로 도심으로 나섰다. 한산한 도심을 느긋한 발걸음으로 거닐다가 찾아간 곳은 먹어보고 싶었던 뷰렉(Burek)집이었다.

반 옐라치치 광장(Ban Jelačić Square)에서 돌락 마켓(Dolac market)으로 올라가는 길은 여러 갈래가 있다. 그중 광장의 반 옐라치치의 동상 뒤편에 있는 긴 층계를 오르다 보면 돌락 마켓에 거의 다다라 왼편으로 작은 뷰렉 집이 있다. 상호도 따로 없이 간판 대신 벽에 'BUREK'이라고만 쓰여 있어 자칫하면 미처 보지 못하고 지나치기 십상이다. 식당에는 몇몇 손님들이 높은 식탁에 서서 묵묵히 뷰렉을 먹고 있었다.

뷰렉의 원조는 터키이다. 터키어로 뵈렉(Börek)인데 아랍, 그리스, 동유럽 등지의 여러 나라에서 유사하게 만드는 것을 볼 수 있다. 나라마다 모양새나 속 재료도 각각 다르게 변형된 뷰렉은 대중 속에 널리 알려진 별미 중 별미이다.

판매대 너머로 주문을 받은 아주머니는 혼자 주방을 오가며 오븐에서 금방 꺼낸 따끈한 둥근 뷰렉을 네 등분했다. 그리고 접시 위에 놓은

+
잘록하게 휜 짧은 칼로 4등분한 뷰렉
(Burek)

후 잘록하게 휜 칼로 한입에 먹기 좋게 잘라 놓았다.

안쪽 깊숙이 자리한 작업실에는 흰 티셔츠에 앞치마를 두르고 반죽을 휙휙 돌리는 한 셰프의 뒷모습이 보였다. 작업실의 사방 벽면은 온통 흰 타일로 깔끔했고, 좁은 작업 공간이 꽉 차도록 셰프는 얇디얇은 반죽을 허공에 연신 돌려댔다.

뷰렉 집에서 일한 지 10년째인 존 라지(Jon Rasi). 기름칠로 반질반질한 나무 작업대 위에는 손바닥만 한 크기의 둥글납작한 빵 반죽들이 가지런히 놓여 있었다. 식물성 기름과 돼지기름을 섞어 놓은 커다란 오렌지빛 플라스틱 통에 존은 연신 손을 담가 작업대 위를 문질러댔다.

반죽을 미는 밀대도 필요 없다. 존은 둥근 반죽을 수차례 주먹으로 내리쳐 웬만큼 납작해지자 양손으로 죽죽 밀어댔다. 적당히 눌러 펴진 반죽의 가장자리를 들고 높이 공중으로 10여 번을 휙 휙 돌리자 반죽

+
불룩거리는 뷰렉 반죽을 들고 있는 라지 씨.

은 갈수록 얇고 크게 늘어났다. 종잇장처럼 얇아진 반죽의 1/3 가량 작업대 끝에 살짝 걸쳐 놓았는데 나중에 보니 포개 접을 때 아주 용이했다. 이렇게 만드는 과정을 보니 필로 페이스트리(filo pastry)와 아주 흡사했다. 네모지게 만든 첫번째 반죽은 그새 불룩불룩한 공기주머니를 만들며 발효 중이었다. 다시 두 번째 만든 반죽 중앙에 첫 번째 만든 반죽을 올려놓고 양념한 치즈를 손으로 듬뿍 떠서 반죽 위에 고루 펼쳐 발랐다. 그런 다음 두 번째 반죽을 네모지게 쌌다. 마지막 세 번째로 만든 넓은 반죽 위에 만들어 놓은 반죽을 두고 다시 그 위에 양손 가득한 치즈를 바른 다음 마지막으로 접었다. 기름을 듬뿍 바른 원형 틀에 완성된 네모진 반죽을 꾹꾹 눌러 밀어 넣자 반죽은 더더욱 불룩거렸다. 겹겹이 접어 완성된 뷰렉은 온도계도 달리지 않은 오래되어 보이는 오븐 속으로 이내 들어갔다.

때마침 주인 니콜로우스키(Nikolouski Andelko)가 나타나 220℃에 20분간 굽는다고 설명했다. 유창한 영어를 구사 하는 자상한 주인아저씨 덕분에 뷰렉의 속 재료들을 알 수 있었다. 다진 소고기와 돼지고기, 양파, 달걀 등으로 양념한 뷰렉이 인기 있고 채식가를 위한 치즈, 감자 또는 시금치 등을 넣은 것도 있다.

찢어질 듯 아슬아슬하게 빚는 부드러운 뷰렉 반죽에는 이스트가 전혀 안 들어간다. 단지 밀가루, 소금, 물로 빚은 후 실온에 30분간 둔다는 안델코의 설명. 반죽 빚을 때 보니 기름을 넉넉히 두른 작업대 위에서 반죽을 손바닥으로 눌러 펴는 과정을 통해 기름이 듬뿍 발라졌다. 반죽에 기름이 넉넉히 스며들어 부드러워지면서 얇게 펴지는 것이다. 니콜로우스의 중요한 팁은 질게 느껴질 정도로 반죽을 질척하고 부드럽게 만들어야 한다는 것.

잘게 잘라 놓은 치즈 맛 뷰렉은 포크로 떠먹기에 좋았다. 군데군데 찢어질 만큼 얇게 만드는 훌륭한 솜씨는 겹겹마다 바삭하게 구워져 맛을 한층 더했다. 도심 속의 뷰렉 집에서 자그레브인들은 소박하고 고소한 맛의 세상에 빠져든다.

Burek
Tržnica Dolac, 10000, Zagreb, Croatia

빨간 벽돌 오븐과 장작불

여행 일정 중 가장 손꼽아 기다렸던 세계의 명품 플리트비체 국립공원. 크로아티아 최초의 국립공원인 이 명승지는 1979년 유네스코에 의해 세계문화유산으로 지정되었다. 여행 사흘째 되던 날, 자그레브에서 버스로 플리트비체 국립공원으로 향한 지 두 시간 만에 국립공원 가까이 다다랐다. 한낮 기온이 25℃를 웃돌던 자그레브 날씨와 달리 저녁이 되자 15℃ 안팎으로 뚝 떨어져 쌀쌀했다. 늦은 저녁 식사를 하기 위해 숙소에서 20여 분 떨어진 곳에 있는 마촐라(Macola) 식당을 찾았다. 국립공원을 찾는 많은 관광버스들이 거쳐 가는 듯 식당의 규모는 엄청나게 컸다. 식당 안쪽으로 한참 들어가자 빨간 벽돌로 높게 쌓은 독특한 생김새의 오븐이 보였다. 옆으로 길고 좁다랗게 만든 오븐 입구는 높이가 꽤 높았다. 불길이 어떻게 새어 나왔는지 오븐 입구 바로 위까지 검게 타들어 간 흔적이 남아 있었다. 빵을 진열해 파는 듯 오븐 옆에 나무 선반이 있는데 텅 비었고 벽돌 사이로 새어 나오는 오븐의 온기는 무척 따뜻했다.

식사를 기다리고 있는데 갑자기 흰 옷차림의 한 제빵사가 오븐 문을 열고 물을 뿌리는 게 아닌가. 물을 뿌리며 오븐 온도를 맞추고 있는 그를 보니 곧 빵을 구울 것 같아 서둘러 카메라를 들고 오븐 쪽으로 쫓아갔다.

2000년부터 제빵 기술을 배우기 시작한 두산 그라오바츠(Dusan Grovac). 그는 6년째 마촐라 식당에서 하루 2교대로 근무하며 혼자서 구운 180여 개 빵을 식당에 제공하고 손님들에게도 판매한다.

두산 제빵사를 따라 오븐 뒤편으로 가보니 벽돌로 오븐 전체를 둥글게 지었다. 네모진 아궁이 속에는 굵직한 장작 서너 개가 활활 타들어

가고 있었다. 처음 보는 색다른 형태의 오븐은 볼수록 신기했다.

빵 반죽의 재료는 밀가루, 이스트, 소금, 그리고 물뿐. 빵은 대략 40분간 굽는데 발효 시간과 물 조절을 잘해야 맛있고 부드러운 빵을 만든다며 두산은 싱긋 웃었다. 그는 곧 한 시간 정도 발효된 빵 반죽을 묵직한 오븐용 트레이에 놓은 채 오븐 깊숙이 집어넣기 시작했다. 얼마 후 오븐 속의 트레이 위치를 바꾸기 시작한 손길은 다시 분주해졌다.

식사하기 전, 먹음직스럽게 구운 둥근 빵을 두툼하게 썰어 담은 빵 바구니가 테이블마다 나왔다. 크로아티아에서는 호박 오일은 후추를 뿌리고 올리브오일은 소금을 살짝 넣어 빵을 찍어 먹는다는 가이드 설명에 귀가 솔깃해졌다. 마침 테이블에 놓인 올리브오일에 소금을 넣어 폭신폭신한 빵을 푹 적셔 먹어 보았다. 얇은 빵 껍질은 바삭거리고 솜처럼 부드러운 속살은 담그자마자 올리브오일을 흠뻑 빨아들였다. 더더욱 고소해진 빵 맛을 원 없이 즐겼던 저녁 식사 시간이었다.

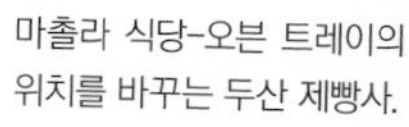

+
마촐라 식당-오븐 트레이의 위치를 바꾸는 두산 제빵사.

눈빛을 홀리는 빨간색 심벌, 리치타르(licitar)

자그레브를 여행하면서 가장 흔히 보는 기념품 중 하나인 리치타르(licitar). 크로아티아의 빼어난 자연 경관만큼이나 유명한 자그레브의 심벌인 리치타르는 빨간 하트를 비롯한 여러 모양으로 현란하게 장식되어 눈길이 쏠린다.

북부 크로아티아에서 유래된 리치타르는 그 역사가 중세 16, 17세기경으로 거슬러 간다. 리치타르는 당시 유럽의 다수 수도원에서 진저브레드(gingerbread: 생강, 계피, 꿀이나 시럽 등이 들어가는 독특한 향의 과자)를 화려하게 조각한 나무틀에 눌러 만든 전통 수공예 과자다. 단

맛 나는 진저브레드로 만드는 리치타르는 전통적으로 즐겨 먹던 과자였다. 하지만 오늘날에는 장식품 내지는 관광객들의 기념품으로 변천되어 상점에 가득 진열된 리치타르를 쉽게 볼 수 있다. 빨강과 흰색으로 장식한 리치타르는 마치 크로아티아의 국기를 상징하는 듯하다.

유네스코(UNESCO)로부터 고도의 기교로 정교하게 만드는 예술적 진저브레드의 가치를 인정받은 리치타르는 2010년 11월 15일, 크로아티아 문화를 위한 '인류무형문화유산 대표목록'(Representative List of the Intangible Cultural Heritage of Humanity)에 올랐다. 유네스코는 리치타르를 '크로아티아의 진저브레드'(Croatian gingerbread)라고 명명했지만, 생강이 전혀 들어가지 않는다는 사실. 과연 리치타르를 어떻게 만들까 호기심이 가득했다.

크로아티아로 떠나기 두 달 전 즈음, 자그레브에서 리치타르를 만들며 활발히 활동하는 니나(Nina Jecič)를 일찌감치 섭외했다. 자그레브의 외곽 한 주택가에 있는 그녀의 스튜디오는 버스를 타고 20여 분을 가고도 또 한참을 걸어야 해서 찾는데 꽤 고생했다.

새빨간 리치타르로 가득한 그녀의 작업실은 보기만 해도 예뻤다. 여직원 산드라(Sandra)와 발렌티나(Valentina)는 널찍한 테이블에서 하트 모양의 리치타르에 연신 파이핑하기 바빴다. 마무리와 포장을 도맡아 하는 경력 4년 차 이네스(Ines)와 함께 니나는 스튜디오를 운영하고 있다.

자그레브 태생인 니나는 대학에서 고고학을 전공했지만 민족학과 크로아티아 전통 유산에 더 관심이 많았다고 했다. 졸업 후 직업을 고민하던 중 '내가 진정하고 싶은 일'을 해보자고 결심한 그녀는 리치타르에 눈을 돌렸다. 자그레브에서 50여km 떨어진 작은 마을 베데니카(Bedenica)에서 진저브레드를 만드는 슈크레다르(Škledar) 가족에게 그

+
니나는 진저 브레드를 젤라틴에 손수 담그며 시범을 보였다.

녀는 5년간 리치타르 기술 비법을 전수받았다. 2002년, 현재 이 곳에 첫 디자인 스튜디오를 연 그녀 나이는 30대 중반이었다. 처음에는 혼자 리치타르를 만들었는데 점점 수요량이 늘어나면서 손이 달리자 직원을 3명 고용했다. 아무런 경력과 기술도 없는 직원들을 완전 기초부터 가르쳤다며 회고하는 그녀의 촉촉한 눈빛이 안경 너머로 보였다. 고맙게도 직원들 역시 워낙 흥미로워했고 배우고 싶었던 일을 시작한지라 모두 열심이었다고 한다.

스튜디오는 월요일에서 금요일까지 오전 7시부터 작업을 시작해 오후 3시면 일을 마친다. 보통 하루에 사이즈가 큰 하트형 리치타르는 100여개, 작은 것은 300여개를 만들고 있다. 큰 것은 건조 시간이 더 오래 걸리기

때문에 2주 전 즈음 주문을 미리미리 받아야 한다. 크기가 40×40cm나 되는 가장 큰 하트형 리치타르는 특별한 선물용으로 최소한 1년 가량은 보관이 가능하다. 습기를 싫어하는 리치타르는 건조한 곳에 걸어 두는 것이 가장 오래도록 보관하는 방법이기도 하다. 마침 니나는 결혼식 선물로 대량 주문받아 완성되어 앙증맞게 포장된 리치타르를 보여주며 한 개에 20쿠나(약 3천5백원)씩 받는다고 했다.

리치타르는 크게 반죽, 젤라틴에 담그기 그리고 파이핑으로 모양을 그리는 세 단계를 거쳐 만든다. 먼저 궁금한 니나의 리치타르 레시피를 알아보자. 진저브레드 반죽은 설탕 1kg, 물 600ml, 일명 진저브레드 이스트라고 불리는 탄산 수소 암모늄(ammonium bicarbonate) 또는 베이킹파우더 30g, 그리고 밀가루 2kg으로 만든다. 빚어 놓은 반죽은 사용하기 전까지 적어도 8시간 이상을 둬야 한다. 대략 0.5~0.7cm 두께로 민 반죽은 구리나 스테인리스로 만든 다양한 커터를 이용해 자른 다음 180℃에서 7분간 구운 후 며칠간 말려야 한다.

건조한 진저브레드를 담글 때 쓰이는 젤라틴은 젤라틴 1kg, 물 3ℓ, 그리고 약간의 식용 색소를 첨가해 만든다. 진저브레드를 젤라틴에 담그고 나서 선반에 일일이 걸어 건조하는데 여름에는 2~3일, 습기가 많은 겨울에는 보통 3~4일씩 걸린다. 젤라틴에 코팅한 진저브레드는 긴 막대기

에 가지런히 걸어 놓는데 길게 떨어지면서 굳은 젤라틴은 손으로 바짝 끊어준다. 그리고 파이핑 하기 전에 다시 한 번 가위로 완전히 끝까지 짧게 자른다.

파이핑 할 때 쓰이는 아이싱(icing)은 젤라틴을 끓는 물에 녹인 다음 옥수수 시럽을 넣어 15분 정도 잘 저어준다. 그다음 감자 밀가루를 넣어 10분간 저어주고 식힌 후 냉장 보관한다. 식용 색소는 파이핑 하기 전에 그때그때 섞어 사용한다.

기계로 만들 수 없는 리치타르는 한 개를 다 완성할 때까지 30여 번의 손이 간다고 한다. 체리, 새, 버섯, 말굽형 등 여러 모양이 있지만 고객의 특별 주문에 따라 각양각색으로 만들어 장식한다. 특히 작은 거울이 달린 하트형 리치타르는 사랑을 고백하는 남자의 마음을 비추는 애정의 마스코트이기도 하다. 하지만 밸런타인데이에는 초콜릿 대용으로, 사업 성공의 기원, 친구와의 우정 또는 결혼식 때 친지들에게 주는 선물 등 다양한 용도로 쓰인다. 전 국민의 88%가 가톨릭 신자인 크로아티아는 크리스마스 때 반 엘라치치 광장에 세우는 빨간 리치타르로 장식한 크리스마스트리를 볼 수 있다고 한다. 니나에게 어릴 적 성탄 트리에 달린 리치타르를 먹었던 아름다운 추억이 남아 있듯 1960년대를 기억하는 어른들에겐 더 이상 먹지 못하는 장식용 리치타르가 아쉽기만 할 뿐이다.

작업이 끝난 오후, 니나는 개인 레슨 혹은 그룹 워크숍 등 대외적인 활동을 많이 한다. 특히 크로아티아의 전통 예술로 다음 세대를 이어갈 수 있도록 주로 청소년들을 대상으로 가르치면서 깊은 전통 의식을 심어준다.

2013년 2월, 월등한 멋진 디자인으로 베스트 리치타르를 만드는 수준 높은 솜씨를 인정받은 그녀에게 큰 행운이 찾아왔다. 일본 주재 크로아티아 대사관 주최로 열린 리치타르 워크숍에 대표로 초빙된 것이다. 2주 동안 도쿄, 오사카 등 5개 도시를 방문해 시범을 보인 니나는 일본인들의 뜨거운 반응으로 획기적인 성과를 거두었다고 뿌듯해했다.

니나의 리치타르는 색다른 디자인과 유려한 파이핑 구성이 유독 돋보인다. 월등한 기술로 제작되어 어느 것과도 비교할 수 없는 현저히 다른 순수한 작품이라고 그녀는 역설한다.

훗날 그녀는 자그레브 번화가에 숍을 열어 직접 판매하고 스튜디오를 운영하기를 갈망한다. 오로지 리치타르만 평생 만들겠다는 그녀에겐 더 큰 소망이 있다. 리치타르 박물관을 세워 크로아티아의 정체성을 상징하는 리치타르를 후세에 길이길이 전하고 싶다.

Mrs. Nina Jecič
Licitar, Studio za dizajn, Gvozdanska 13d, Zagreb, Croatia
☎ (+385) 1 301 4370

300년 역사

독일 로텐부르그 '슈네발'

Original Rothenburger Schneeball

독일 바이에른 주의 로텐부르크에는 사계절 내내 그 어느 곳에서도 보기 드문 다양한 색깔의 눈덩이 같은 과자인 슈네발(Schneeball)을 만날 수 있다. '눈덩이'라는 의미를 지닌 슈네발은 이름 그대로 눈덩이만 한 크기에 하얀 슈거파우더가 눈가루처럼 뿌려져 있다. 눈덩이라는 뜻처럼 슈네발은 눈가루 같은 슈거파우더를 뽀얗게 덮고 있고 크기도 마치 눈싸움하려고 꽁꽁 뭉쳐놓은 눈덩이만 하다. 로텐부르크는 독일의 전통 과자인 슈네발의 고향이다.

한때 우리나라에 히트 상품으로 인기를 끌었던 슈네발은 3백여 년의 깊은 역사를 가진 로텐부르크의 트레이드마크다. 5대째 슈네발의 역사를 지키는 제빵사 발터 프리들(Walter Friedel)을 찾아가 그가 만든 원조 슈네발의 참맛을 맛보았다.

슈네발의 고향 로텐부르크

바이에른 주에 있는 레겐스부르크(Regensburg)의 친구 집에서 머물던 나는 200km 떨어진 로텐부르크 옵 데어 타우버(Rothenburg ob der Tauber: 로텐부르크라고 줄여 호칭하기도 함)로 출발했다. 비교적 가까운 거리였음에도 불구하고 우회하듯 세 번씩 기차를 갈아타야 해서 생각보다 시간이 꽤 걸렸다. 어떤 구간은 고작 20여 분을 타고 다시 갈아타는 여정을 거쳐 근 3시간 만에 로텐부르크에 도착할 수 있었다.

바이에른 주의 중부에 있는 로텐부르크는 굽이 흐르는 타우버 강이 내려다보여 한 장의 예쁜 그림엽서를 보는 듯하다. 중세 시대 정취가 흠뻑 느껴지는 구도시는 동화 속에 나올 듯한 그림 같은 집들이 즐비해 탄성이 절로 나온다. 인구 1만여 명이 사는 로텐부르크는 독일에서도 가장 아름다운 도시로 알려져 사계절 수많은 관광객의 발걸음이 끊이지 않는다.

로텐부르크 하면 떠오르는 상징적인 두 가지가 있다. 시간을 넘나드는 듯한 상점에는 아기자기한 크리스마스 장식품들로 가득해 일 년 내내 크리스마스 축제 분위기라는 점이다. 또 다른 한가지는 눈덩이 모양의 과자인 슈네발을 이름과 걸맞지 않게 한여름에도 맛볼 수 있으며 빵집 곳곳에 사시사철 진열되어 있다는 것이다. 슈네발은 원조나 다름없는 로텐부르크와 그 주변 지역을 중심으로 맛볼 수 있다.

우리나라에 론칭해 한때 사람들을 길게 줄 세울 정도로 인기를 끌어 모았던 슈네발은 이곳을 찾는 관광객들의 필수 쇼핑 품목 중 하나로 오

랜 역사를 자랑한다.

손으로 부숴 먹는 전통 과자

눈덩이라는 뜻의 슈네발(Schneeball)은 복수형인 슈네발렌(Schneeballen)이라고도 한다. 3백여 년의 긴 역사를 지닌 슈네발은 독일 어느 곳에서나 볼 수 있는 흔한 과자가 아닌 로텐부르크의 명물이다. 중세기에는 결혼식 같은 특별한 행사에 만들었으나 오늘날에는 일 년 내내 먹을 수 있는 별미로 손꼽힌다.

슈네발은 쇼트크러스트 페이스트리(shortcrust pastry)인 독일의 뮤르베타이그(Mürbeteig)라는 반죽으로 만든다. 쇼트크러스트 페이스트리는 주로 타르트, 키쉬(quiche), 파이 종류 등을 만들 때 사용되며 베이킹 케이스의 바닥 모양을 바삭하게 구운 다음 그 위에 다양한 재료를 얹어 완성한다.

로텐부르크와 그 주변 등지의 제과점뿐만 아닌 전문화된 큰 규모의 공장에서도 만드는 슈네발은 그 종류가 수십 가지에 이른다. 초콜릿, 바닐라 맛 등으로 코팅한 후 견과류를 뿌리기도 하고 마지팬(marzipan), 누가(nougat) 크림으로 각기 색다른 맛을 낸다. 하지만 전통적인 슈네발은 흰 눈을 연상시키는 슈거파우더를 뽀얗게 뿌려 마무리한다.

식감은 적량의 반죽을 얼기설기 엮는 기술, 기름의 선택 그리고 튀김 온도에 달려있다. 양손으로 가볍게 눌러 바삭하는 소리와 함께 부숴 먹는 재미와 즐거움은 본연의 맛을 더해준다. 슈네발은 밀폐된 용기에 담아 실온에서 최대 6~8주까지 보존이 가능하다.

Since 1882, 발터 프리들 제과점

로텐부르크를 여행하기 수개월 전에 방문 약속을 해놓은 발터 프리들(Walter Friedel) 제과점을 찾아갔다. 성벽으로 둘러싸인 구시가로 통하는 성문을 들어서자 중세기 고풍스러운 집들의 그림 같은 풍광이 펼쳐졌다. 곳곳에 보이는 제과점에는 진귀하고 먹음직스런 슈네발들을 독특하게 진열해 놓았다. 슈네발 고향인 것을 새삼 실감하면서 각양각색의 슈네발을 구경하느라 내내 발걸음 떼기가 힘들었다.

발터 프리들 제과점은 구시가의 중심인 마르크트 광장(Marktplatz)에서 불과 몇 분 안 되는 거리에 있어 쉽게 찾을 수 있었다. 길모퉁이의 아담한 5층짜리 건물은 1882년 제빵 기능장(Bäckermeister)의 아들이었던 크리스토프 로이터(Christoph Reuter)가 구매하고 제과점으로 개

\+
매장에는 다양한 슈네발이 가득 진열되어 있다. 전용 상자와 예쁜 통에 담아 판매한다.

축했다. 1919년, 빌헬름 로이터(Wilhelm Reuter)가 대를 이었으며 세계 2차 대전 중 1945년 3월 31일에 건물은 완전 소실되었다. 재건축한 이후 1957년, 빌헬름 로이터의 딸과 결혼한 발터 프리들은 4대를 이으면서 제과점과 카페를 겸한 콘디토라이(Konditorei)를 오픈했다. 현재 주인은 아버지와 이름이 같은 아들 발터 프리들로 1982년에 5대째 가업을 물려받아 운영하고 있다.

+
발터 프리들의 고풍스러우면서도 아름다운 간판.

약속한 오전 9시 30분, 1층 매장에서 셰프 옷을 입은 발터와 첫 대면을 했다. 새벽 4시부터 작업 중이었다는 그는 서둘러 매장 안쪽의 작업실로 나를 안내했다. 고소한 튀김 냄새가 솔솔 풍기는 작업실에는 몇몇 셰프들이 슈네발 만들기에 분주했다. 발터는 직접 슈네발 만드는 것을 상세히 보여주겠다며 이내 반죽 덩어리를 집어 들었다.

명품의 맛 슈네발 만들기

나무로 된 작업대 상판에는 이른 새벽부터 만들었다는 커다란 반죽 덩어리들이 한가득 놓여 있었다. 반죽 재료를 묻자 발터는 거침없이 나열하기 시작했다. 다목적용 밀가루인 중력분(Type 550: 독일 밀가루 종류), 소금, 달걀, 우유, 생크림, 설탕, 신선한 레몬즙, 향 좋은 럼주로

+

발터 프리들(Walter Friedel)이 슈네발 만드는 방법을 순서대로 보여주고 있다.

만드는데 마가린이나 버터는 무거운 맛을 주기 때문에 일절 넣지 않는다. 그래도 이것이 다 아닌 듯 가장 중요한 재료들을 발터가 제일 먼저 작업실에 나와 준비해 놓으면 레시피대로 직원들이 반죽을 완성한다고 하니 일급 시크릿이 아닐 수 없다.

먼저 반죽은 롤링 머신에 둥글게 몇 번 밀어준 다음 디바이더에 넣어 돌리자 30개로 등분되어 나왔다. 무게가 80g씩 나가는 작은 반죽은 한 개씩 다시 롤링 머신에 넣어 2~3mm 두께로 미는데 그 모양은 제각각 불규칙했다. 톱니 모양으로 생긴 페이스트리 롤링 커터로 2cm가량 일정한 간격을 두고 대여섯 번 남짓 자르는데 이때 반죽 끝까지 자르지는 않는다. 준비된 반죽들은 곧바로 만들지 않고 기다란 나무판 위에 펼쳐 놓고 약 5분간 살짝 말린다.

도중에 프리들은 전통 방식대로 슈네발 만드는 법과 도구를 보여 주었는데 참 이채로웠다. 나무 주걱의 긴 손잡이를 이용해 만드는 이 방법은 잘라 놓은 반죽 사이사이를 한 개씩 건너뛰어 손잡이에 꿴 다음 살살 엉키게 말았다. 느슨하게 감아 놓은 반죽은 슈네발 전용 도구인 '스노우볼 아이언'(snowball iron)에 넣어 한 개씩 기름에 튀겨낸다. 각각 한 개씩만 더디게 튀긴 예전에 비교하면 지금은 한꺼번에 36개씩 용기에 담아 빨리 완성한다.

나무 막대기를 사용하지 않고 반죽을 다루는 것이 보기보다 쉬워 보이지 않았는데 발터의 손놀림은 무척 노련했다. 여덟 손가락을 사용해 반죽 사이로 엇갈리게 꼬면서 동그랗게 모아 반원으로 생긴 튀김용 틀에 살그머니 내려놓았다. 그는 재빠른 손놀림으로 한순간 한 판 가득하게 채우는 능숙한 솜씨를 보여주었다.

튀김용 틀의 위 뚜껑을 마저 덮은 다음 기름 온도 180℃에서 약간 노릇노릇할 때까지 약 6분간 튀긴다. 구겨진 듯한 슈네발의 특징적인 모양과 맛을 내기 위해 대두와 면실유로 만든 유지방인 고품질 식물성 쇼트닝을 사용한다. 발터는 그래도 뭔가 미덥지 않은 듯 두어 번 뚜껑을 열어보며 슈네발 색깔을 꼼꼼히 확인했다.

완연한 황금빛 색깔이 돌자 틀을 들어 올려 기름을 빼내고 슈네발을 꺼내는데 기름기라고는 볼 수가 없었다. 발터는 그중 한 개를 집어 들더니 살짝 힘을 주자 아삭한 소리를 내며 완전히 부서져 버렸다. 속이 드러난 슈네발은 엉켜진 사이사이까지 기름이 고루 스며든 것을 입증하는 듯 한결같이 고른 색이었다. 부셔 놓은 슈네발을 먹어 보니 기름에 튀긴 것 같지 않게 맛이 담백했고 거짓말처럼 기름기가 전혀 손에 묻어나질 않았다. 옆에서 빙그레 웃던 그는 이것이 맛의 중점이 되는 비법이라고 했다.

바로 옆에서는 한 김 나간 슈네발을 두 개씩 집어 든 직원이 손목을 이리저리 돌려가며 눈가루 같은 슈거파우더를 듬뿍 뿌려댔다. 이렇게 하루에 만드는 슈네발은 서너 시간 동안 7백여 개, 성수기인 크리스마스 시즌에는 2~3천 개를 웃돈다. 15년 전부터 온라인 쇼핑을 통해 유럽은 물론 러시아를 비롯해 미국, 일본 등의 여러 나라에서 주문이 끊이지 않는다고 귀띔한다.

품질로 맛을 지키다

로텐부르크를 찾는 관광객들은 여러 빵집마다 진열된 비슷해 보이는 슈네발을 선택해야 하는 행복한 딜레마에 빠진다. 고민 아닌 고민은 슈네발의 원조답게 하나같이 맛있어 보인다는 것이다.

+
설탕과 시나몬 파우더를 묻힌 슈네발. 시나몬은 향이 아주 강하기 때문에 설탕과 혼합하는 비율을 잘 맞춰야 한다.

발터에게 맛있는 슈네발이란 무엇이냐고 물었다. 당연히 돈을 주고 산 손님은 맛에 실망하지 않아야 하고 먹다 말고 버리지 않는 것이라고 확고하게 대답한다. 자신의 슈네발은 5대에 걸친 제빵사의 자존심을 내걸고 만든 맛의 책임과 자신감이라고 단언한다. 입소문을 통해 인정받는 제품의 맛은 손님만이 만들 수 있는 것이며 그의 막중한 책임은 오랜 전통의 맛을 지켜야 하는 것이라고 했다. 보다 나은 슈네발을 만드느냐, 아니면 아주 싼 맛을 만드느냐가 관건이 아니겠냐며 반문하던 발터. 그러나 값싼 맛은 생명이 짧다는 것, 맛을 지키는 꾸준한 노력만이 답이라는 것을 그는 이미 알고 있다.

'좋은 맛은 영원하다'라고 가르친 선친은 품질을 강조하는 예찬론자였다고 회상한다. 내리 물려 배운 핵심적인 맛을 지키고 있지만, 건강을 생각하는 손님들의 웰빙 트렌드에 맞춰 튀김 오일을 바꾸었다. 돼지비계 기름(lard)에 튀긴 슈네발은 기름지고 무거운 맛이었으며 무엇보다 포화지방산 함량이 높아 건강에 유해하기 때문이었다. 땅콩기름도 사용해 봤지만 2~3년 전부터 식물성 식용유로 튀겨 맛이 상당히 가볍다. 그는 최고의 맛을 만드는 것은 좋은 재료와 고품질의 튀김 기름에 달려있음을 누차 반복했다.

발터는 맛있는 슈네발의 정의를 이렇게 내린다. "반죽의 무게가 무거울수록 튀기는 시간도 길어지기 때문에 적당한 양의 반죽으로 기름지지 않은 맛을 내야 한다. 또 안팎의 색깔과 식감이 균일해야 하며 바삭바삭하고 가벼운 맛이어야 한다. 가장 중요한 것은 당일 만든 것이나 몇 주가 지난 것이나 맛이 똑같아야 한다."

그는 조심스레 우리나라에서 거세게 불었던 슈네발 붐을 언급했다. 쉽게 사그라진 슈네발의 인기를 많이 아쉬워하며 직접 우리나라에 가서 참맛을 보여주고 싶었던 마음이 정말 간절했다며 씁쓸한 표정을 지었다. 발터는 다시 환한 얼굴로 "그 나라에서 만든 것은 그 나라에서 먹어봐야 제맛을 알 수 있는 것 아니겠냐"며 "로텐부르크에 와서 자신의 슈네발을 맛보는 것은 어떠냐"며 호탕하게 웃었다.

뭐든 맛을 제대로 내야 빵집의 생명도 오래간다고 역설하는 발터. 아무리 사업이 번창해도 대대로 내려온 이 자리를 지킨다는 확고한 생각뿐이다. 두 딸이 있지만 대물림은 가늠 못 하고 있다며 대를 이을 딸 역시 자신처럼 소신껏 일하는 기쁨과 즐거움을 가져야 하지 않겠냐고 한다.

손님의 만족이 자신의 최고 기쁨이라는 발터. 대를 잇는 맛과 품질을 함께 포장해 손님들에게 선사한다는 지론은 요지부동한 고객 유지의 밑바탕이 된다고 그는 믿는다. 눈과 머리를 활짝 열고 살라고 외치는 발터가 전심전력을 기울이는 것은 많은 것을 보고 배우기 위함이다. 일을 마친 늦은 오후, 커피 한 잔에 누가 크림 맛 슈네발을 즐겨 먹는다는 그는 "맛이란 편안하게 먹는 것."이라고 했다.

+
아삭한 소리를 내며 완전히 부서져 속이 드러난 슈네발. 엉켜진 사이사이까지 고루 튀겨져 균일한 색을 띠고 기름기가 전혀 보이지 않는다.

Bäckerei – Konditorei – Café Walter Friedel
Markt 8, 91541 Rothenburg ob der Tauber, Germany
☎ (+49) 09861 7818

5대째 전통 케이크

'바움쿠헨'을 굽는 '크로이츠캄'

Since 1825, Konditorei Kreutzkamm

독일 전통 케이크 바움쿠헨(Baumkuchen)은 나무 나이테를 똑 닮아 이름도 '트리 케이크'이다. 바움쿠헨의 특이하게 생긴 모양은 물론 케이크 단면에 촘촘하게 박힌 둥근 나이테를 보면 감탄하지 않을 수 없다. 나이테 켜켜이 스며든 감미로운 맛과 향은 입안에서 녹아 흘러내린다. 오븐에 굽는 방법도 여느 케이크와 달리 한 겹 한 겹 지성으로 구워낸다.

5대를 잇는 뮌헨의 콘디토라이 크로이츠캄(Konditorei Kreutz-kamm)을 방문해 바움쿠헨 만드는 색다른 과정을 체험하며 그 맛의 궁금증을 풀어보았다.

바움쿠헨, 오랜 추억 속의 맛

바움쿠헨을 처음 본 것은 30여 년 전 독일 뮌헨(München)이었다. 마리엔 광장(Marienplatz)의 어느 카페 쇼윈도에 진열된 바움쿠헨은 링 여러 개를 포개놓은 독특한 형태로 높이가 1m 남짓 되어 보였다. 케이크를 주문하자 베이컨 두께만큼 얇게 저민 슬라이스 몇 조각을 접시에 담아 무척 생소했다. 내 입맛에 꼭 들게 맛있었던 바움쿠헨은 오랜 세월이 지나도 그 맛은 아직도 생생하기만 하다.

독일 여행을 앞두고 나는 문득 추억의 맛 바움쿠헨을 떠올리며 호기심을 충동질했다. 오래전에 내게 바움쿠헨을 선물로 보내왔던 독일 친구의 엄마 바우어(Elisabeth Bauer) 부인에게 맛있는 집을 소개해 달라고 간청했다. 그녀는 정확히 15년 전에 콘디토라이 크로이츠캄(Konditorei Kreutzkamm)에서 바움쿠헨을 주문했었다며 놀랍게도 그 당시 주문서를 이제껏 갖고 있었다. 바우어 부인은 수십 년 단골인 크로이츠캄을 적극 추천해 주었고 며칠 후 그녀는 주문서 원본을 복사해 내게 우편으로 보내주었다.

크로이츠캄 섭외는 성공적으로 이뤄졌으며 취재하러 떠나던 날, 나는 가방 속에 바우어 부인의 주문서도 함께 챙겨 넣었다. 그리고 15년 만에 다시 먹어 보게 될 크로이츠캄의 바움쿠헨을 고대하며 나는 옛 기억 속의 맛을 되새겼다.

194년의 내력 깊은 콘디토라이 크로이츠캄

크로이츠캄의 역사는 1825년 3월 16일 드레스덴(Dresden)에서 시작되었다. 당시 25세였던 에레미아스 크로이츠캄(Jeremias Kreutzkamm)은 사탕, 과자, 초콜릿 등을 제조 판매하는 컨펙셔너리(confectionary)를 오픈해 경영했으며 사망 후 아들 율리우스(Julius)가 물려받았다. 그는 1867년 탁월한 솜씨를 높이 평가받아 제품을 왕실에 공급했으며 궁중 컨펙셔너 타이틀 훈장을 받았다. 40여 년간 사업을 성공적으로 이끌었던 율리우스는 건물을 소유하게 되었고 크로이츠캄 이름을 크게 알린 장본인이었다. 1890년에 공식 은퇴를 한 후 아들 막스(Max)가 후계자로 3대를 이었고, 드레스덴 크리스마스 케이크를 미국을 비롯해 여러 국가로 수출하면서 명성을 날렸다.

1926년 막스의 아들 프리츠(Fritz)가 사업을 물려받았으나 경기 침체가 뒤따라 사업이 어렵게 되자 델리 숍(delicatessen store)에 제품을 배달하는 아이디어를 내었고 그의 비상 해결책은 큰 성공 신화를 이뤘다. 하지만 세계 2차대전이 발발하자 4대째 내려오던 사업은 한순간에

+
뮌헨에 위치한 콘디토라이 크로이츠캄 매장. 뮌헨의 중앙광장인 마리엔 광장(Marienplatz)에서 도보로 10여 분 거리를 두고 두 개의 매장이 있다.

사라지게 되었다.

1950년, 우여곡절 끝에 프리츠는 바이에른의 주도 뮌헨에서 처음부터 새로 출발할 수 있었다. 몇 해 동안 크로이츠캄의 옛 맛을 잊지 못하는 델리 숍 고객들의 주문이 다시 쇄도하기 시작했다. 심지어 드레스덴의 많은 단골까지 합세해 사업은 승승장구했다. 새로운 카페를 오픈한 프리츠는 뮌헨의 유명하고 오래된 카페 인수를 시작으로 크로이츠캄의 사업 영역을 넓혀갔다.

그로부터 30여 년 후, 프리츠는 세상을 뜨고 부인 프리데리케(Friederike)와 딸 엘리자벳(Elisabeth)이 사업을 계승했다. 1989년 독일장벽이 허물어지자 모녀는 크로이츠캄이 탄생한 드레스덴에 카페를 오픈하면서 당당히 재입성했다.

오늘날 크로이츠캄은 뮌헨과 드레스덴 두 곳에 공장 규모의 설비를 갖춰 가동하고 있으며 뮌헨을 비롯해 4개의 콘디토라이를 소유한다.

콘디토라이는 케이크를 비롯해 초콜릿 등 다양한 페이스트리를 판매하는 카페이다.

유래가 분분한 바움쿠헨

바움쿠헨은 독일의 오랜 전통의 맥을 지키는 대표적인 케이크 중 하나이다. 19세기에는 훌륭한 공예의 전형으로 컨펙셔너(confectioner: 사탕, 과자 등을 제조하는 제과업자)들은 바움쿠헨을 필수 조건으로 마스터해야만 했다. 그 절대적인 중요성을 감지할 수 있듯이 바움쿠헨 제조 과정을 완벽히 통달하지 않고는 마이스터(Meister) 페이스트리 셰프라는 기능장 타이틀을 가질 수 없다. 마이스터는 독일 전문 직업의 최고 명예로운 칭호로 개인의 전문 기술력을 보장받는 평생 보증서이다. 또한, 바움쿠헨은 독일제과협회(German Confectionery Association)의 상징으로 쓰일 만큼 특별한 케이크이기도 하다.

어느 나라에서 먼저 바움쿠헨을 굽기 시작했는지 그 기원은 분분하고, 정확한 유래는 확실하지 않다. 고대 그리스때인 기원전 400년 전까지 기원을 운운하며 유럽의 여러 나라로 전해졌다는 설도 있다.

바움쿠헨 레시피는 1426년에 기록된 이탈리아의 한 요리책에 처음 등장한다. 이미 15세기 독일 중부의 프랑크푸르트(Frankfurt)와 뉴른베르그(Nürnberg)에서는 바움쿠헨을 컨펙셔너가 굽는 웨딩 케이크였다고 한다. 독일 태생 마르크스 룸폴트(Marx Rumpolt)셰프는 1581년에 쓴 〈새로운 요리책〉(Ein neues Kochbuch)에 바움쿠헨 레시피를 다루기도 했다.

독일 북부 '바움쿠헨의 도시'인 잘츠베델(Salzwedel)은 적어도 19세기 경에 바움쿠헨을 만들기 시작한 기원지로 널리 알려져 있다. 1841년 독일제국의 군주였던 프리드리히 빌헬름 4세(Friedrich Wilhelm IV)가 잘츠베델을 방문했을 때 바움쿠헨을 맛있게 먹었다고 한다. 그 후 잘츠베델은 바움쿠헨을 궁중 납품하게 되었으며 '케이크의 왕, 왕의 케이크'라는 별칭을 얻게 되었다.

잘츠베델, 드레스덴, 콧부스(Cottbus) 등은 바움쿠헨 제조의 활발한 중심지이며 특히나 잘츠베델에서만 그 지역 이름을 쓸 수 있게 하는 제도인 유럽 연합의 지리적 표시 보호(Protected Geographical Indication)를 2010년부터 소유하고 있다.

헝가리는 가장 오래된 웨딩 케이크인 큐르투쉬콜라치(kürtőskalács), 일명 굴뚝 케이크에서 바움쿠헨의 유래가 시작되었다고 주장한다. 전통적으로 쇠나 나무로 만든 굵직한 실린더에 굽는 유사한 스타일의 케이크들은 슬로바키아, 루마니아, 체코 등 헝가리 주변의 여러 나라에서 볼 수 있다.

+
200g으로 가장 작은 사이즈의 바움쿠헨. 가격은 대략 1만2000원.

바움쿠헨을 만나다

크로이츠캄으로 향한 발걸음은 설렌 가슴이 먼저 앞서갔다. 뮌헨 중앙역에 도착해 갈아탄 전철은 외곽으로 벗어나 20여 분을 달렸다. 전철 역에서 얼마를 걷다 보니 멀찌감치 커다란 4층 건물의 크로이츠캄 상호가 눈에 들어왔다.

총책임자 프랑크(Frank Reiser)는 먼저 초콜릿, 케이크, 빵, 페이스트리 등을 만드는 작업실과 이곳저곳의 널찍한 시설을 두루 안내했다. 막연히 생각했던 것보다 층마다 갖추어진 작업실 설비들은 완전한 공장 규모였다. 각종 완제품을 포장하는 곳에는 다양한 크기의 바움쿠헨이 즐비하게 늘어서 있어 반가웠다.

+
미니 바움쿠헨인 바움쿠헨슈피첸(Baumkuchenspitzen). 바움쿠헨을 작은 조각으로 잘라 초콜릿으로 코팅한 전형적인 미니 케이크다.

프랑크는 작고 네모난 초콜릿 케이크를 집어 들고 바움쿠헨으로 만든 '미니 바움쿠헨'이라며 바움쿠헨슈피첸(Baumkuchenspitzen)을 소개했다. 대략 3cm 두께로 작게 자른 바움쿠헨 조각을 초콜릿에 코팅한 전형적인 미니 케이크였다. 슈피첸은 뾰족한 끝이라는 뜻으로 네모로 각이 진 케이크 모양을 묘사한다. 바움쿠헨과 많이 유사한 또 다른 쉬히트토르테(Schichttorte)도 흥미로웠다. 바움쿠헨은 곡선으로 에워싸여 여러 겹을 나타내지만 쉬히트토르테는 수평으로 여러 층을 이룬 원형 케이크이다.

프랑크는 수공으로 만드는 바움쿠헨은 숙달된 셰프의 노련한 감각으로 굽는 세심한 작업이라고 했다. 몇 분마다 한 겹씩 구워지니 적합한 케이크 색깔이 제대로 나오는지 한시도 눈을 떼지 않고 지켜봐야 한단다. 그리고 신선도를 지키기 위해 매일 소량으로 굽는 원칙을 고수한다고 강조했다. 시작부터 완성까지 셰프의 발을 묶는 바움쿠헨은 정성 어린 케이크다.

시크릿 향신료가 내는 맛의 하모니

바움쿠헨 전용 작업실에서 흘러나오는 진한 향내는 풍기는 것부터 달랐다. 생김새가 낯선 오븐에는 바움쿠헨이 빙빙 돌아가며 한창 구워지고 있었다. 꽤 넓은 작업실은 사방이 온통 흰 타일로 발라져 굉장히 정갈한 인상을 주었다.

페이스트리 셰프 경력 16년인 크리스티안(Christian Niedermair)은 바움쿠헨을 전적으로 담당하기 시작한 지 4년째라고 했다. 25년간 근무한 동료와 둘이 작업하는데 마침 결근을 해 함께 일하는 모습을 보여주지 못한다며 내내 아쉬워했다. 대신 2004년부터 근무 중인 페이스트리 셰프 다비드(David Sommer)가 그의 일손을 거들고 있었다.

바움쿠헨 재료는 다수의 달걀, 버터, 설탕, 아몬드 페이스트(almond paste), 밀 전분(wheat starch), 그리고 제일 중요한 여러 향신료가 사용된다. 아몬드 페이스트는 같은 양의 아몬드와 설탕으로 만들고 마지팬은 75%의 설탕을 함유해 이 두 가지의 사용 용도는 사뭇 다르다. 반죽을 만들며 재료를 줄줄이 설명하던 크리스티안은 느닷없이 향신료만큼은 절대 비밀이라며 함구했다. “혹시 바닐라? 계피?” 하면서 짓궂게 묻던 내게 그는 어느 한 가지도 가르쳐 줄 수 없다며 아주 단호했다. 밝힐 수 없는 맛의 비밀인 향신료가 얼마만큼 중대한 역할을 하는지 가히 짐작할 수 있었다.

크리스티안은 먼저 믹싱볼에 아몬드 페이스트, 달걀노른자, 설탕 그리고 약간의 향신료를 넣고 부드러워질 때까지 돌렸다. 그다음 달걀흰자만 따로 거품을 내는데 어느 정도까지 휘젓느냐가 핵심이었다. 이때 거품은 너무 부드럽거나 혹은 단단해도 안 되기 때문에 오로지 감으로 판단하는 셰프의 노하우라고 했다.

버터는 일반 버터가 아닌 농축 버터(concentrated butter)를 녹여 사용한다. 버터의 수분 함량은 20%이지만 농축 버터는 신선한 크림에서 얻은 99.8% 지방으로 만들어 훨씬 더 강화된 케이크 맛을 내준다.

주목할 것은 새로 만든 반죽에 전날 만든 반죽을 10%가량 섞는데 그 이유는 반죽이 너무 부드럽지 않게 균형을 잡아주기 때문이라고 한다. 체에 내린 밀 전분을 반죽에 넣어 달걀 거품을 적당량 섞어가며 손으로 저어 고루 섞었다. 여기에 마지막으로 녹인 버터를 조금씩 부어가며 살살 저어 반죽을 완성했다.

반복되는 굽기로 완성하는 케이크의 왕

작업실 한쪽 벽면에는 좁고 기다란 금속 실린더가 수십 개 걸려 있었다. 크리스티안은 실린더에 종이를 감고 왼쪽 끝부터 일정하게 간격을 맞춰 대마로 만든 끈으로 매듭지어 단단히 묶었다. 실린더를 감싸는 종이는 제과용 종이(parchment paper)를 쓰며 유산지는(greaseproof paper)는 케이크가 잘 붙지 않고 쉽게 떨어져 사용할 수가 없단다. 판매된 바움쿠헨 중앙에 끈이 남아 있기도 해 소비자들이 끈의 용도를 궁금해 한다는 에피소드를 들려주었다.

95cm 되는 실린더는 무게 1kg짜리 5개, 500g짜리 8개를 만들 수 있다. 실린더의 길이를 묻자 직접 줄자로 재어 가르쳐주던 크리스티안는 매사 정확한 독일인의 참모습이었다.

오븐에 가스 불을 댕겨 뜨겁게 달군 후 온도를 조정한 다음 본격적으

+
크리스티안과 동료가 바움쿠헨을 만들고 있다.

로 굽기 작업에 들어갔다. 바움쿠헨을 굽는 전용 오븐은 일반 오븐과 다르게 특별한 구조로 제작돼있다. 일반적인 케이크 굽는 방식이 아닌 반죽으로 덮인 긴 실린더가 연속으로 자동 회전하는 동안 그릴처럼 구워진다.

+
초콜릿으로 마무리한 바움쿠헨. 다양한 무게로 판매하며 포장 용기의 종류에 따라 가격이 각각 다르다.

오븐에 장착한 실린더를 반죽 통에 담가 반죽을 씌워 굽는데 첫 번째는 조금 더 오래 구워 실린더에 들러붙도록 고정해야 한다. 대여섯 번 반복해 굽고 나면 그다음부터 긴 널빤지를 실린더에 갖다 대어 반죽을 고르게 해주면서 동시에 표면에 생기는 주름이나 공기구멍을 없애 주었다. 그러고 나서 곧바로 좁은 칸이 나 있는 나무 도구로 홈을 내 올록볼록한 특유의 바움쿠헨 스타일로 만드는 과정이 지속되었다. 반죽 표면이 충분히 구워지고 옅은 밤색이 돌면 또다시 그 위에 새 반죽을 입혀 15~20여 차례 구워야만 드디어 바움쿠헨이 탄생한다.

바움쿠헨을 완전히 식힌 다음 실린더를 빼고 나면 중앙에 도넛처럼

3cm 넓이의 구멍이 생기게 된다. 마지막으로 바움쿠헨을 무게와 길이에 맞게 잘라 초콜릿과 슈가 글레이즈(sugar glaze)로 끝마무리를 했다.

판매하는 바움쿠헨은 무게에 따라 대략 15~20여 개의 층이 나오며 주문용 웨딩 케이크는 1m가 넘는 높이에 최소 25개나 되는 가장 많은 나이테를 자랑한다.

이렇듯 바움쿠헨 웨딩 케이크 등 특별 행사에 쓰이기도 하지만 사계절 내내 독일인들이 즐겨 먹는 별미이기도 하다. 잘라야지만 겹겹으로 둘러싸인 나이테 특유의 자태를 드러내는 바움쿠헨은 역시나 '케이크의 왕, 왕의 케이크'이다.

Konditorei Kreutzkamm
Pacellistraße 5, 80333 München, Germany
☎ (+49) 089 22880300

잘츠부르크의 달콤한 맛

'오리지널 모차르트쿠겔'

The Original Choice of Mozartkugel

오스트리아의 잘츠부르크(Salzburg)는 모차르트 천지다. 그도 그럴 것이 세기의 작곡가 모차르트가 태어난 곳이다 보니 온갖 기념품은 물론 공항 이름도 모차르트다. 그뿐만 아니라 잘츠부르크의 최고 명물 '모차르트쿠겔'(Mozartkugel)을 선전하는 모차르트를 거리에서 만날 수 있다. 그런데 세계적으로 유명한 모차르트쿠겔 중에도 진짜와 가짜가 있다는 사실을 아는 사람들은 그리 많지 않다. 126년 전, 잘츠부르크에서 최초로 모차르트쿠겔을 개발한 파울 휘르스트(Paul Fürst)의 5대 후손 마르틴(Martin Fürst)이 역사의 맛 '오리지널 모차르트쿠겔'을 직접 설명하고 나섰다.

모차르트가 홍보하는 글로벌 테이스트

오스트리아의 달콤한 관광 기념품으로 꼽히는 모차르트쿠겔은 가는 곳마다 관광객들을 매료시킨다. 모차르트가 탄생한 지 260여 년, 그의 걸작 음악 못지않게 유명한 모차르트쿠겔이 세계인의 입맛을 조율하고 있다. 모차르트의 음악과 전혀 무관하고 백여 년 후에 뒤늦게 태어난 초콜릿을 모차르트가 대대적으로 홍보하고 있으니 그 내막이 궁금하지 않을 수 없다.

모차르트쿠겔은 궁중 스타일의 빨간 재킷을 입은 모차르트 초상화가 박힌 금박지에 낱개로 포장해 화려하게 금장을 두른 빨간 상자에 담아 판매된다. 그러나 이렇게 현란한 여러 회사 제품들은 실제로 진품이 아니

며 원조 모차르트쿠겔은 포장 색깔부터 완전히 다르다. 은박지에는 모차르트 초상화가 그려져 있으나 이목을 끌지 않는 차분한 파란 색으로 '오리지널 잘츠부르크 모차르트쿠겔'(Original Salzburg Mozartkugel)이라고 쓰여 있다. 아이러니한 것은 명백히 가짜를 제조하는 회사 제품들이 호화롭게 포장되어 오히려 눈에 더 잘 띄고 떠들썩하게 선전한다는 점이다. 그런데도 정작 맨 처음 모차르트쿠겔을 만든 '휘르스트 카페 콘디토라이'(Café–Konditorei Fürst)는 잘츠부르크에서 묵묵히 있을 뿐이다. 현재 본점이 있는 올드 마켓(Alter Market) 광장의 브로드가쎄(Brodgasse) 13번지에서 1890년, 파울 휘르스트(Paul Fürst)는 모차르트쿠겔을 고안해냈다. 한자리에서 5대째 수작업으로 만드는 정품 모차르트쿠겔의 수제 맛과 역사를 이곳에서 만날 수 있다.

1890년에 탄생한 원조 모차르트쿠겔

최초로 모차르트쿠겔을 발명한 파울 휘르스트. 그는 1856년 8월 12일 오스트리아 오버외스터라이히(Oberösterreich) 주의 조그만 마을 지에르닝(Sierning)에서 태어났다. 아버지를 일찍 여읜 파울 휘르스트는 잘츠부르크의 외삼촌 파울(Paul Weibhauser) 밑에서 성장했다. 파울의 아버지는 1830년에 현재 본점 건물을 사들였으며 콘디토라이(Konditorei: 케이크를 비롯해 초콜릿 등 다양한 페이스트리를 판매함)를 소유했다. 파울은 궁중에 납품하는 제빵업자(Hofbäckerhaus)로 한동안 일했으며 파울 휘르스트는 사전 지식도 없이 컨펙셔너리(confectionary: 초콜릿, 당과류 등을 제조 판매함) 사업을 외삼촌에게

\+
모차르트쿠겔. 가격은 1유로 20센트(약 1천5백원).

배웠다. 그리고 그는 수년간 빈, 부다페스트, 파리, 니스 등지의 이름난 컨펙셔너리에서 소중한 실습을 하며 제과업자인 컨펙셔너로서 경력을 쌓았다.

1884년, 잘츠부르크로 돌아온 파울 휘르스트는 외삼촌 사업을 물려받고 '휘르스트 카페 콘디토라이'를 열자마자 도시민의 호평을 받기 시작했다. 사실상 파울 휘르스트는 '컨펙셔너리 아트'(confectionery art)를 잘츠부르크에 소개한 장본인이기도 하다.

그로부터 6년 후, 그가 오랜 시도 끝에 피스타치오, 마지팬, 비엔나식 누가(nougat)로 만든 별미 초콜릿을 개발하자 그 인기는 날로 치솟았다.

파울 휘르스트는 자신이 개발한 초콜릿을 애초에 잘츠부르크의 신동 모차르트에 대한 존경심으로 모차르트봉봉(bonbon: 사탕이나 단

것을 뜻함)이라고 호칭하다 둥근 모양을 의미하는 모차르트쿠겔로 바꾸었다. 쿠겔은 공 모양 또는 대포알을 뜻하며 쿠겔른(Kugeln)은 복수형으로 모차르트쿠겔 혹은 모차르트쿠겔른이라고 한다.

+
휘르스트 카페 콘디토라이 사인.

1905년 파리에서 개최된 요리 박람회(exposition culinaire)에서 금메달을 획득한 파울 휘르스트는 발명품 모차르트쿠겔의 진가를 인정받으며 성공의 길로 들어선다. 모차르트쿠겔이 크게 히트하자 컨펙셔너들은 너도나도 앞을 다퉈 유사품을 만들어 판매했다. 안타깝게도 당시 자신의 발명품 특허가 없었던 파울 휘르스트는 법적 보호를 받지 못했다. 1941년, 85세를 일기로 세상을 뜬 그는 잘츠부르크의 한 시립 묘지에 묻혔다. 그리고 후세들은 '오리지널 모차르트쿠겔'을 규명하기 위한 분쟁을 1990년대까지 치러야만 했다.

+
모차르트쿠겔을 가르면 피스타치오를 넣은 마지팬이 보인다.

'잘츠부르크 오리지널'은 오직 한 개뿐

모차르트쿠겔은 굉장한 붐을 타면서 국내뿐만 아니라 이웃 나라 독일과 스위스까지 가세해 만들기 시작했다. 1920년, 오스트리아의 제과브랜드 미라벨(Mirabell)은 잘츠부르크 인근 마을 그뢰딕(Grödig)에 모차르트쿠겔을 제조하기 위한 시설을 세웠으며 독일 레베르(Reber)와 스위스 네슬레(Nestlé)도 나서서 대량 생산하기에 이르렀다. 가짜가 시중에 범람하자 파울 퓌르스트 측은 상표권을 확보하기 위해 대내외적으로 모차르트쿠겔 상호에 대한 법적 분쟁을 치르게 되었다.

제품에 관련된 회사들은 협약에 따라 어쩔 수 없이 서로 다른 트레이드마크를 쓰는 것으로 합의를 보았다. 미라벨은 '진짜 잘츠부르크 모차르트쿠겔른'(Real Salzburg Mozartkugeln), 레베르는 '진짜 레베르 모차르트쿠겔른'(Real Reber Mozartkugeln), 네슬레는 '오리지널 오스트리아 모차르트쿠겔른'(Original Austria Mozartkugeln), 파울 퓌르스트는 '오리지널 잘츠부르크 모차르트쿠겔'(Original Salzburg Mozartkugel)이라는 명칭을 쓰기로 일단락 지었다. 네슬레도 '오리지널' 상호를 쓸 수 있게 되었지만 모차르트쿠겔른의 시조 파울 퓌르스트의 진정한 명품은 오직 퓌르스트 카페 콘디토라이에서 만든다.

미라벨과 레베르 회사가 1970년대 말에 또 다시 등록 상표를 둘

\+
초콜릿으로 구멍을 채운 흔적이 아주 또렷하다.

러싼 논란을 일으키자 양국 정부 대표가 나서야만 했다. 1981년에 잠정적으로 매듭지은 합의 결과 오스트리아 회사만 모차르트쿠겔른 문구를 사용할 수 있도록 하자 레베르 측은 이의를 제기했다. 우여곡절 끝에 협의안은 법적으로 무효화되었으며 레베르는 합법적으로 지속해서 고유 상표를 쓸 수 있게 되었다.

여기서 주목할 한 가지는 오로지 미라벨만 둥근 모양으로 모차르트쿠겔을 만들도록 했으며, 그 이외 모든 제품은 반드시 한 쪽 면이 평평해야만 하는 규정을 세웠다. 오랜된 역사만큼이나 사연도 복잡한 모차르트쿠겔. 이름은 모두 둥근 공 모차르트쿠겔을 뜻하지만, 굴러가지 않는 초콜릿 볼로 남아 있다.

역사의 맛을 지키는 휘르스트 후손들

135년 전통을 이어가는 '휘르스트 카페 콘디토라이'는 5대째 휘르스트 가문을 지키고 있다. 1985년에 대물림한 4대손 노르베르트(Norbert Fürst)는 마스터 컨펙셔너(master confectioner)이며 독일어로 마이스터(Meister)이다. 기능장인 마이스터는 전문 직업의 가장 명예로운 칭호이자 개인의 전문 기술력을 보장하는 평생 보증서

+
쇼케이스에 다양한 초콜릿, 페이스트리, 케이크 종류가 진열되어 있다.

+
파울 휘르스트(Paul Fürst)의 5대 후손 마르틴 휘르스트(Martin Fürst)

+
쟁반에 정갈하게 배치해 놓은 모든 재료들은 모차르크 쿠겔 만드는 과정을 한눈에 보는 듯하다.

이기도 하다. 2005년, 후세대로 교체되어 종증손자인 마르틴(Martin Fürst)이 21세기 휘르스트를 이끌어 가고 있다. 마르틴 또한 아버지를 뒤이은 마스터 컨펙셔너로서 당당한 기능장 자격을 갖추었다. 명성이 자자한 가업을 잇는 사업가가 아닌 막중한 선조의 유산인 맛의 품질을 지키려는 그들의 굳은 의지를 엿볼 수 있다.

수제품 모차르트쿠겔은 현재까지 변한 게 없다고 마르틴은 당당하게 말한다. 그것도 처음 시작한 자리에서 원조 레시피와 핸드메이드 테크닉 그대로 연간 2백만여 개를 만든다. 그가 밝히는 모차르트쿠겔 메인 재료는 피스타치오, 마지팬, 누가, 그리고 다크초콜릿 네 가지뿐이다. 누가는 설탕, 코코아 버터, 카카오 매스(cocoa mass), 그리고 헤이즐넛 가루로 만드는 비엔나식이다. 만드는 방법은 마지팬 안에 피스타치오를 넣고 누가를 씌워 둥글게 빚은 후 나무 스틱에 꽂아 한 개씩 다크초콜릿에 담가 코팅한다. 그다음 초콜릿 볼이 위로 올라오도록 수직으로 세워 굳힌 후 스틱을 빼내면 작은 구멍이 남게 된다. 이때 생긴 구멍은 파이핑 백을 사용해 초콜릿으로 일일이 채우고 은박지로 하나하나 포장한다. 처음부터 끝까지 섬세한 손길로 완성되는 제품은 기계로 대량 생산하는 회사 제품과 비교할 수 없다는 마르틴의 설명이다. 재료 외 어떤 첨가물도 없는 100% 순수한 제품으로 신선한 초콜릿 맛을 즐길 수 있으며 실온에서 6~8주 정도 보관이 가능하다. 주문은 국내와 유럽만 받으며 날씨가 더운 5월 15일부터 9월 말까지는 선적을 중지할 정도로 품질 관리에 철저하다. 게다가 작디작은 분점 세 곳도 잘츠부르크에만 있을 정도다.

+
흑백사진 속의 19세기 숍 전경. 왼편에 서있는 셰프가 파울 휘르스트다.

1890년 당시에도 정말 귀한 재료로 만들었기 때문에 같은 품질을 고수하기 위해 최고 재료만을 사용한다. 언제나 세계 각지의 바이어들이 훌륭한 재료들을 갖고 몰려와 더없이 월등한 재료를 선택할 수 있는 조건이기도 하다. 마르틴은 소문난 제품이라 으레 매출이 높은 것이 아니라 믿음직한 직원들과 파트너들의 협력과 신뢰 없이는 이뤄질 수 없다고 힘주어 강조했다. 그리고 늘 우수한 품질만이 역사의 맛을 지켜준다는 진리를 믿고 있다.

인터뷰가 끝나갈 무렵, 마르틴은 벽에 걸린 고조할아버지와 셰프들의 흑백 사진을 가리키며 셰프들 표정이 어두워 보이지 않느냐며 내게 물었다. 그는 웃으면서 워낙 귀하고 값진 재료들이다보니 셰프들은 작업하는 동안 먹지 않는다는 것을 보이기 위해 휘파람을 불어야 했다는 숨은 일화를 공개했다.

마르틴을 만나고 보니 더 나은 제품을 만들고 사업을 키우기 위해 노심초사하기보다 선조의 맛을 그대로 지키려는 휘르스트의 후손다웠다. 그는 흔들리지 않는 고집과 배짱 있는 당당한 사업가였다.

Cafe-Konditorei Fürst
Brodgasse 13, 5020 Salzburg, Austria
☎ (+43) 0662 843759

마르틴 인터뷰

마르틴과 인터뷰하기로 한 카페 2층 입구에는 출입 금지 팻말이 걸려 있었다. 직원을 따라 계단을 통해 올라가니 전망도 좋고 확 트인 공간은 1층보다 훨씬 널찍해 보였다.

마르틴은 테이블 위에 놓인 네모진 쟁반을 가리키며 작업장을 공개하지 않기 때문에 직접 보여주지 못하는 모든 재료를 그대로 준비했다고 했다. 테이블 위 네모진 쟁반에는 재료들이 정갈하게 놓여 있었다. 모차르트쿠겔 만드는 공정을 상세히 설명하던 마르틴은 역시나 휘르스트 후손다운 마스터 컨펙셔너였다.

이렇게 멋진 공간에서 케이크를 먹으면 더 맛있을 것 같은데 아쉽다. 왜 사용을 안 하는가?

"(웃으며) 나도 그렇게 생각한다. 그런 질문을 많이 받는데 이유는 최대한 작은 규모로 더욱 효율적으로 카페를 운영하기 위해서다. 규모가 커지면 직원 수를 늘려야 하는데 인건비 지출을 줄이고 모차르트쿠겔을 비롯한 제품 가격을 안정되게 유지하려는데 주목적이 있다. 오히려 손님들에게 더 집중해 만족스러운 서비스를 할 수 있다."

자세한 본인 소개를 부탁한다.

"대학에서 관광학과 휴머니즘을 전공했다. 하지만 막중한 가업을 이으려면 먼저 전문가가 되어야 한다고 생각해 기능장을 받았다. 15년 전부터 아버지 밑에서 일하기 시작했고 2005년에 CEO가 되었다."

세계적으로 유명한 회사들 제품이 세계 곳곳에 진출해 있는데 오스트리아는 물론 세계 어느 도시에도 분점을 갖고 있지 않다. 경영 핵심은 무엇인가?

"십 대에 결심을 하고 30여 종류의 모차르트쿠겔을 모았었다. 모두 '진짜'(real)였지만 단 한 개만 고조할아버지의 '오리지널'이었다. 휘르스트는 가족 사업으로 수제품을 만들고 있다. 연간 수백만이 넘는 세계 시장을 상대하려면 모든 상황이 달라져야 한다. 공장도 세우고 제품의 유통 기간을 늘리는 대책이 있어야 한다. 그런데 왜 그렇게 해야만 하나? 제품의 맛과 품질은 똑같아야 한다. 선조는 사업 확장을 원치 않았으니 공장화 계획은 절대 없을 것이다. 월드 마켓은 우리 영역이 아니라고 생각한다.

어떤 기업 전략이 있는지 궁금하다.

"똑같은 자세로 지속해서 정직한 맛을 만드는 것이 휘르스트의 방침이다. 모차르트쿠겔은 온전히 핸드메이드 맛으로 전통 제작 방식을 따라야 하기 때문에 생산량을 늘리는 것을 원하지 않는다. 솔직히 주문량이 너무 많지 않았으면 하는 바람도 있다. 당연히 신선한 모차르트쿠겔이 제일 맛있지 않은가?"

직원은 몇 명이며 모차르트쿠겔 제작 규모에 대해 상세히 알고 싶다.

"1890년부터 만든 모차르트쿠겔은 물론 모든 제품을 이곳에서 만든다. 연간 대략 2~3백만 개를 제작하는데 계절에 따라 차이가 크다. 직원은 50여 명이며 최고 55년, 30~40년간 근무하는 직원이 여럿 있다. 모차르트쿠겔 생산부에는 10여 명이 일한다. 생산라인은 각자 맡은 분야에서 단계별로 이동해 완성하는 것을 상상하면 된다."

원조 레시피를 갖고 있는가? 모차르트쿠겔 재료에 대한 설명을 부탁한다.

"대를 물려 간직하는 레시피는 없고 입으로, 손맛으로 전해 내려온 레시피가 전부다. 직원들이 다 아는 레시피이며 비밀이 없다. 마지팬 30%와 누가 60%~70% 비율이다. 코코아 함유량 60%인 다크초콜릿으로 코팅하고 제작 기간은 대략 일주일이다."

경쟁 회사들이 만드는 모조품에 대한 솔직한 의견을 듣고 싶다.

"휘르스트만이 '오리지널 잘츠부르크 모차르트쿠겔'을 사용할 수 있다는 것을 대단히 자랑스럽게 생각한다. 휘르스트를 세상에 알리기 전에 먼저 손님들이 오리지널을 알고 찾아온다. 공장에서 대량 생산해 세계 시장에 판매하고 디스플레이 하거나 잡지에 광고하는 것은 다른 회사들 몫이며 '역사가 없는 맛'이다. 우리 제품은 충분히 강하다는 자신감이 있기에 전혀 개의치 않는다."

블라인드 테스트를 한다면 오리지널 모차르트쿠겔을 맞출 수 있는가?

"100% 자신 있다. 신선한 맛은 휘르스트의 강점이다."

가족 소개를 해줄 수 있나?

"제품 만드는 것 외에 사무적인 일이 많아 아내도 사무실에서 함께 일한다. 열 살배기 딸이 있는데 아직은 너무 어려 가업을 물려받을지는 더 두고 봐야 알 것 같다. 내가 아버지한테 배웠던 그대로 딸에게 전해주고 싶다."

불과 20대 후반에 CEO가 되어 5대를 잇는 막중한 책임을 지게 되었다. 십여 년간 사업을 하며 느낀 점, 그리고 휘르스트의 미래 구상이 궁금하다.

"아버지는 할아버지를, 그리고 나는 아버지 경영법대로 그 뒤를 따르고 있다. 지난 십 년간 제품의 동일한 품질 유지에 몰두했으며 크게 달라진 것이 없다. '시대정신'(Zeitgeist)을 갖고 일하는 가족 기업으로 정도를 벗어나지 않고 '오리지널 모차르트쿠겔'을 꾸준히 보살필 것이다.

FÜRST
BURGER

12세기부터 빵의 역사를 굽는

'슈티프츠 베이커리'

Salzburg's Oldest Bakery

오스트리아의 잘츠부르크(Salzburg)에는 12세기경부터 내려오는 역사 깊은 빵집이 있다. 빵집 입구에는 물레방아가 돌고 수력발전으로 제분기에 호밀을 빻아 빵 반죽을 빚는다. 이른 새벽부터 장작불로 오븐을 지피고 옛 맛을 되살린 전통 빵을 굽는 슈티프츠 베이커리(Sti-ftsbäckerei). 동화 속 이야기 같은 슈티프츠 베이커리에서 제빵사의 일상을 가까이 지켜보았다.

올드 타운의 랜드마크

잘츠부르크는 음악과 문화의 도시로 여행자들에게 매력 덩어리다. 특히 유네스코 세계 문화유산으로 지정된 올드 타운은 바로크 양식의 건축물들로 채워져 아름답기 짝이 없다. 많은 랜드마크 중에서 서기 696년에 지은 성 페터 수도원(St Peter's Abbey)은 독일어권에서 현존하는 최고(最古) 사원이기도 하다. 이곳 수도원의 묘지로 통하는 길목에 있는 슈티프트 빵집은 잘츠부르크에서 가장 오래된 빵집으로 제빵 역사를 대변한다.

성 페터 수도원은 물레방아 4개와 제분소를 각각 지었고 수도사들은 빵을 구워 자급자족했다. 슈티프츠 빵집에 대한 최초 기록 자료는 1160년경으로 거슬러 오랜 역사를 지닌다. 성 페터 수도원은 독일어로 슈티프트 산크트 페터(Stift Sankt Peter)이며 그 명칭을 따라 빵집의 공식 상호를 '슈티프트 베이커리 산크트 페터'(Stiftsbäckerei St. Peter)라고 부른다.

1922년부터 1967년까지 돌았던 물레방아는 완전히 작동을 멈추고 그동안 버려지다시피 했으나 2006년에 복구되었다. 알프스산맥에서 흘러내린 물은 수로를 통해 다시 물레방아를 세차게 돌리고 수력발전으로 빵집에 전기를 공급하고 있다. 복원한 물레방아는 색다른 정취를 물씬 풍기며 관광객들에게 신선한 활력을 불어넣는다.

Since the 12th century, 슈티프츠 빵집

성 페터 수도원을 향해 카피텔 광장(Kapitelplatz)을 가로질러 끝자락 어귀에 다다르면 시원한 물소리가 들려온다. 슈티프츠 빵집 입구에서 힘차게 도는 물레방아는 자연의 소리를 선사해 기분이 좋아진다. 계단을 따라 반지하로 내려가면 널찍한 공간의 아치형 천장 아래 한쪽에 놓인 제분기가 눈길을 끈다. 나무로 제작된 아담한 제분기는 물레방아의 수력발전으로 가동된다.

작업실 한복판에는 돌기둥 하나가 낮게 내려앉은 아치형 천장을 떡하니 받치고 있어 고풍스럽기 짝이 없다. 벽면 사방은 흰 타일이 말끔하게 둘러 있고 벽 중간에 독특한 붙박이식 오븐이 설치되어 있다. 새벽 4시부터 장작을 지핀 오븐은 270℃ 이상 달아올라 좁다란 오븐 문 앞에서

+
옛 기운이 물씬 풍기는 박물관 같은 작업실.

+
쿠르트가 오븐 위쪽에 모아둔 숯덩이를 오븐 입구로 긁어내리고 있다.

+
긴 패들로 오븐 깊숙한 곳의 빵들을 꺼내고 있다. 벽돌로 지은 오븐의 내부는 30년마다 바닥에 깔린 벽돌을 뒤집거나 새로 교체해야 한다.

새나오는 뜨거운 열기를 느낄 수 있었다.

오전 6시경, 제빵사 쿠르트(Kurt Mayer)는 빵 반죽을 빚다 말고 오븐 위쪽에 모아 둔 숯덩이를 문 앞으로 긁어내려 온도를 고르게 했다. 30여 분 후, 오븐 속 재를 비우고 물걸레로 바닥을 깨끗이 닦아 빵 구울 준비를 마쳤다. 이른 새벽에 제일 먼저 출근하는 쿠르트는 장작불을 때고 정오에 퇴근하기를 22년째 반복하고 있다. 잘츠부르크의 한 제빵학교를 마치고 제빵사로 출발한 지도 어느새 30년이 넘어섰다.

+
빵집 입구에 들어서면 널찍한 공간에 놓인 아담한 제분기가 눈길을 끈다. 물레방아의 수력발전으로 제분기가 가동된다.

크루트의 빵 굽는 방법은 좀 색달랐다. 성형 후 실온 발효가 끝난 빵 반죽을 오븐에 넣기 전, 길이가 4m 남짓한 오븐용 나무 패들 위에 밑바닥이 위로 올라오도록 뒤집어서 두 개씩 올려놓았다. 오븐에 넣기 직전, 그리고 굽고 나서 곧바로 브러시로 표면에 물을 살짝 발라 주었는데 빵 껍질은 한층 더 바삭거리고 윤기가 났다. 크루트는 긴 패들을 오븐 깊숙이 디밀어 넣으며 가지런히 채워나가기 시작했다. 주물로 된 오븐 뚜껑은 좁다랗고 작았지만 내부는 가로 3m, 깊이 4m로 제법 컸으며 벽돌로 지은 오븐이다보니 30년마다 바닥에 깔린 벽돌을 뒤집거나 새로 교체해야만 한다.

40분 남짓 지나자 쿠르트는 빵 하나하나마다 구워진 상태를 확인하면서 80여 개나 되는 빵 위치를 이리저리 바꾸었다. 패들로 들어 올린 빵은 하나같이 빙그르르 돌면서 바닥에 내려앉아 자리를 잡는데 여간 능란한 솜씨가 아니었다. 꼬박 20분이나 걸린 작업을 마칠 때까지 한시도 눈을 떼지 않던 그의 얼굴에는 송골송골 맺힌 땀방울이 주르르 흘렀다. 오븐 문을 굳게 닫고 빵이 구워지길 기다리는 동안 잠시 내려놓은 패들 손잡이에는 손때가 잔뜩 올라 기름을 바른 듯 반지르르했다. 오븐 틈새로 새어 나오는 고소한 빵 냄새는 시간이 흐를수록 내 코끝을 간지럽혔다.

Just bread, 전통 빵만 고집하다

옛 기운이 물씬 풍기는 작업실은 작은 박물관을 보는 듯 긴 세월의 자취를 더듬게 한다. 더군다나 날마다 유기농 통밀과 호밀을 작은 제분기에 손수 빻고 수도원의 울창한 숲 속에서 오븐용 땔감을 마련한다. 이렇듯 전통 방법을 고수하면서 굽는 빵은 풍미가 뛰어나다.

특히나 시그니처 빵인 흑빵(Schwarz Brot)은 귀리와 호밀 180kg과 사우어도우 2kg을 배합해 특유의 아로마와 함께 빵 맛을 제대로 맛볼 수 있다. 오히려 하루가 지난 빵은 더욱더 숙성한 맛을 품는다고 크루트가 귀띔해 주었다. 또한, 유통기한이 길어 잘츠부르크를 찾는 관광객들도 선뜻 사가는 빵이기도 하다. 그 밖에 남부 티롤(Tirol) 지방의 빈치게를(Vintschgerl)을 비롯한 여러 전통 빵을 판매한다.

+
막 꺼낸 흑빵 바닥에 묻은 재를 닦아내고 있다.

오전 7시경, 오븐에서 막 꺼낸 뜨

+
오전 7시경부터 프란츠는 오븐에서 막 꺼낸 뜨끈뜨끈한 빵을 판매한다.

+
오전 6시가 되자 터키인 쿠니알드(Chuniald)가 출근해 쿠르트를 도왔다. 남부 티롤(Tirol) 지방의 전통 빵 빈치게를(Vintschgerl)을 굽는 모습.

끈한 빵이 선반을 차곡차곡 채우기 시작할 즈음 "구텐 모르겐!"(Guten Morgen!) 하고 반가운 아침 인사를 외치며 프란츠(Franz Grabmer)가 들어섰다. 프란츠는 2007년에 임대차 계약을 맺고 슈티프츠 빵집을 경영하고 있으며 사실상 빵집 소유주인 수도원에 세를 낸다. 그렇지만 그는 이보다 훨씬 오래전인 1975년부터 슈티프츠 빵집과 인연을 맺고 있다. 프란츠는 2007년까지 제분소와 슈티프츠 빵집의 관리 감독관이었으며 2015년에 제분소 조합의 마스터로 선발된 제분 기사이자 제빵사이다.

2005년 당시 프란츠는 새로운 물레방아 프로젝트를 맡아 주변 환경에 걸맞게 현대 기술과 전통적인 건축 방식이 공생하는 디자인의 물레방아를 개발했다. 4m 크기의 물레방아는 재질이 단단한 낙엽송으로 제작되었으며 다음 해에 완공되었다.

제분기에 곡식을 빻아 자급자족하는 프란츠는 곡식 선택의 중요성을 강조하며 외고집을 피운다. 300~400km씩 떨어진 곳에서 수확한 재료는 아무리 유기농이라고 해도 거리상 지역 친화적이라고 생각하지 않기에 사들이지 않는다. 거의 모든 재료를 부근에서 구매하므로 적어도 어디에서 농사지은 것인지, 누가 경작한 농작물인지 알고 있기에 곡식에 더 많은 애착과 믿음이 간다는 그의 지론은 변함이 없다.

나이 일흔이 훌쩍 넘은 프란츠의 경영 철학 역시 한길로 파고들어 각별하기만 하다. 슈티프트 빵집은 관광 명소인 호엔잘츠부르크 성으로 올라가는 길에 있어 관광객들의 발길이 잦은 편임에도 잘츠부르크의 유명한 관광 상품을 곁들여 판매하지 않는다. 빵집을 찾아온 손님들은 고소한 냄새를 맡아가며 빵 굽는 것도 구경하면서 빵을 고르는, 곧 '경험하는 빵집'을 원칙으로 하기 때문이다. 그는 전통을 최우선으로 삼아 오로지 전통 빵만을 판매하는 참된 빵집으로 남겠다는 생각뿐이다. 몇 종류 안 되는 빵만 만들다 보니 이 빵집에는 직업 훈련생들이 실습하는 모습을 전혀 볼 수가 없다.

슈티프츠 빵집은 보행자 전용 구역에 있어 손님들은 도보나 자전거를

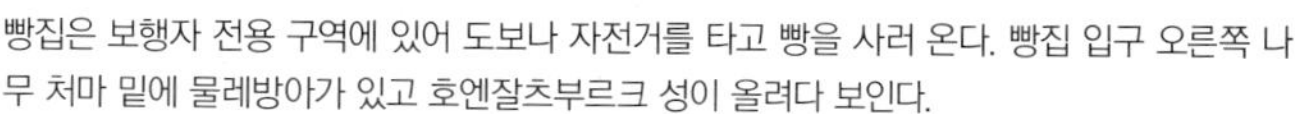

+
빵집은 보행자 전용 구역에 있어 도보나 자전거를 타고 빵을 사러 온다. 빵집 입구 오른쪽 나무 처마 밑에 물레방아가 있고 호엔잘츠부르크 성이 올려다 보인다.

타고 빵을 사러 온다. 한 단골손님은 흑빵을 한꺼번에 6개나 사가면서 몇 개는 냉동실에 얼리기도 하고 오래 두고 먹을수록 깊은 맛이 있다며 칭찬을 아끼지 않았다. 잘츠부르크에서 가장 오래되고 맛있는 빵집이라고 새삼 강조하던 손님은 대단한 자긍심을 가진 시민이었다.

Stiftsbäckerei St. Peter
Kapitelplatz 8, 5020 Salzburg, Austria
☎ (+43) 0662 847898

땅속에 숨은 보석, 트러플

전통 음식의 대향연

오슬로의 문화유산

전통요리와 빵의 진수

4
장

스토리 오브 테이스트

The Cultural History of Taste

땅속에 숨은 보석

세계 3대 진미 '트러플'

Discovering the Flavors of Truffles

이 세상에 억대를 호가하는 버섯이 있다면 믿을 수 있을까? 땅속의 다이아몬드, 버섯의 마에스트로 트러플(truffle)이 그 주인공이다. 우리나라에는 서양 송로버섯으로 알려진 트러플은 땅속에서 자라 볼품없지만, 말로 형용할 수 없이 야릇하고 그윽한 향기를 뿜어낸다. 이탈리아 알바(Alba)에서 열린 '국제 트러플 박람회'에서 나는 신비스런 화이트와 블랙 트러플 향기에 단단히 취하고 말았다.

자연의 창작품, 최상의 버섯 '트러플'

트러플은 평범한 버섯의 일종이 아니다. 전 세계 셰프와 미식가들이 격찬을 아끼지 않는 마법의 양념 트러플은 자연의 농후한 흙, 나무 같은 오묘한 향내를 풍긴다. 오리나 거위 간으로 만든 푸아그라(foie gras), 철갑상어알(caviar)와 더불어 세계 3대 진미로 꼽히는 트러플은 미식의 극치다.

게다가 만만치 않은 가격은 보석만큼이나 값이 비싼 데 그 이유가 있다. 트러플은 여느 버섯과 다르게 전 세계 한정된 지역에서 발견되는데 떡갈나무, 헤이즐넛, 너도밤나무 등 특정한 나무뿌리 가까이 공생한다. 유일무이하게 땅밑 5~30cm 정도 깊이에서 숨어 자라는 트러플은 다른 버섯류처럼 포자를 공중에 퍼뜨리지 못하고 천금 같은 향기를 발산한다.

이렇듯 트러플은 육안으로 전혀 확인할 길이 없어 인간의 오감 능력으로는 채취가 전혀 불가능해 동물의 후각을 빌리는 유일한 방법뿐이다. 전통적으로 암돼지를 이용하는데 돼지는 트러플이 지닌 체외 분비성 물질인 페로몬(pheromone)에 극렬하게 흥분한다. 하지만 돼지는 트러플을 발견하면 먹으려는 습성을 제지하기 힘들어 채취자는 주로 훈련이 가능하고 다루기 쉬운 개를 대동한다. 프랑스는 여전히 돼지를 동원하지만, 이탈리아는 트러플을 보호하기 위해 1985년부터 돼지는 법적으로 금지되어있다. 개에 비해 돼지는 땅을 너무 많이 파헤쳐 주변의 트러플 균사를 손상하여 생산율을 수년간 떨어뜨리기 때문이다.

블랙 트러플은 인공 재배에 성공 사례가 간혹 있지만, 화이트는 절대 불가능한 온전한 자연산이다. 수확 기간이 한정되어있고 적은 수확량은 높은 수요를 따르지 못하고 있다. 그만큼 희소성이 높아 '땅속의 보물, 다이아몬드, 황제' 등 최고의 별칭을 갖고 있는 버섯의 황제로 군림한다.

화이트 트러플 VS 블랙 트러플

트러플은 블랙과 화이트로 구분된다. 트러플의 어원은 라틴어로 덩어리(lump)에서 유래하며 비옥한 땅속에 묻혀 자라면서 모양새가 일정하지 않은 형태의 버섯이다. 트러플은 수확하는 계절에 따라 섬머, 윈터 트러플 등 명칭과 종류를 달리 분류하고 각기 특이한 향과 맛을 지닌다. 그중 블랙 트러플은 프랑스 페리고르(Périgord) 지방, 화이트 트러플은 이탈리아 북서부의 피에몬테(Piemonte) 주의 생산품을 최고로 꼽는다.

블랙과 화이트 트러플은 외관부터 서로 다르다. 블랙 트러플 표면은 오돌토돌 거친 반면 화이트는 울퉁불퉁한 감자 모양으로 매끄럽고 연한 크림색 또는 황토색이 돈다. 두 트러플의 단면은 뽀얀 크림색, 밤색, 적갈색으로 어우러져 마블링이 멋들어진 속살을 드러내 아름답기 그지없다.

화이트 트러플은 극히 제한된 지역에서 자라 채취량이 워낙 적다 보니 그 값어치는 하늘을 찌른다. 향기도 블랙보다 훨씬 더 진하고 뛰어나 몇 배 이상 높은 가격으로 거래된다. 트러플 시세는 계절, 모양과 크기, 그리고 강수량 등 기후의 영향에 따라 매달, 매해 달라지기도 한다.

트러플 경매 시장은 전례 없던 판매 기록을 한순간 뒤엎으며 세계의 이목이 쏠리곤 한다. 한 예로 2014년 12월, 이탈리아 중부 움브리아(Umbria) 주에서 한 가족이 채취한 화이트 트러플은 무게가 1.89kg이었으며 미국 경매회사 소더비에서 61,250달러(약 7천 200만원)에 매매되었다. 예측할 수 없는 크기와 고품질의 화이트 트러플은 억대를 호가해 종종 세계적인 뉴스거리로 떠오른다.

향기 품은 주방의 '다이아몬드'

트러플은 세계에서 가장 오래된 문명인 수메르 왕조 때였던 기원전 2100년~2000년경 갑골에 새긴 상형문자에 최초로 나타나 있다. 훗날 기원전 4세기 고대 그리스 철학자의 문헌에도 기록된 것으로 알려져 있다. 이탈리아는 기원전 8세기경 로마 때부터 트러플을 요리에 사용했으며 긴 역사와 함께 인간의 미각 속 깊이 스며들었다.

최고급 식재료인 트러플은 가격을 떠나 한꺼번에 많이 먹을 수가 없다. 향이 기막히게 특이해 소량으로도 확연히 달라진 음식 맛을 백 배 이상 즐길 수 있기 때문이다. 프랑스의 법관이자 미식평론가이며 〈미식 예찬〉 저자인 장 앙텔름(Jean Anthelme Brillat-Savarin)은 '블랙 다이아몬드'라며 고상한 맛의 조미료 트러플을 예찬했다. 이탈리아 출신 오페라 작곡가 로시니(Gioacchino Antonio Rossini) 역시 대단한 미식가로 알려졌는데 '버섯의 모차르트'라는 찬미를 아끼지 않았다.

오늘날 전 세계 셰프와 미식가들을 사로잡은 트러플은 고유의 향을 살린 독특하고 색다른 요리로 다이닝 테이블에 오르고 있다. 어떤 요리든 기막힌 맛의 조화를 이루는데 열에 매우 민감해 조리하면 특유의 향을 잃어버리므로 날것으로 먹어야 한다. 블랙 트러플은 조리된 음식의 열기가 남아 있어도 무관하지만, 화이트 트러플은 될 수 있으면 요리가 식은 상태에서 뿌리는 것이 바람직하다. 입맛을 자극하는 트러플의 특성과 미적 효과를 내기 위해 블랙은 치즈용 강판에, 화이트는 전용 트러플 쉐이버로 굉장히 얇게 썰어 완성된 요리 위에 올려 마무리한다. 달걀 후라이, 수프, 파스타, 스테이크, 샐러드 등 간단한 음식도 트러플만 조금 넣으면 맛이 고상한 요리로 탈바꿈 된다.

알바의 화이트 트러플 박람회를 가다

매년 10월이면 이탈리아 피에몬테 주의 알바는 트러플 축제에 몰려든 전 세계 트러플 애호가들로 작은 도시가 북적거린다. '86회 국제 화이트 트러플 박람회'(International Alba White Truffle Fair)는 10월 8일부터 11월 27일까지 열렸는데 알바 지역인 랑게(Langhe)에서 채취한 세계 최고의 화이트 트러플은 물론 블랙 트러플을 헌터들이 직접 판매했다. 20여 명의 헌터들은 각자 트러플 무게와 가격을 각각 적어 놓았고 품질에 따라 화이트는 100g당 300~430유로(약 40~60만원)로 블랙보다 4~6배씩 비싼 시세였다.

박람회 기간 동안 헌터들은 전시장 중앙에 있는 알바 품질(Alba Qualità) 단체의 전문 감정가들에게 품질을 의뢰해 수매 가격을 보장받는다. 엄선된 트러플들은 소비자가 구매한 후 만족하지 않을 때는 언제

\+
박람회에서 만난 트러플 헌터 마르코가 보내준 사진으로 10살 된 애견 빌과 함께 찾은 화이트 트러플이다.

\+
마르코와 애견 빌이 발견한 화이트 트러플. 무게가 235g 나가는 트러플을 850유로(약 112만원)에 판매했다.

듣지 돌려주거나 교환이 가능하다.

헌터 경력 36년째인 마르코(Marco Montà)는 개 3마리와 채취한 크고 작은 트러플들을 쇼케이스에 자랑스럽게 늘어놓고 있었다. 마르코는 트러플 고르는 요령을 가르쳐주며 향이 진하고 쾌적한 느낌이 나야 하고 채취할 때 외면에 생길 수 있는 손상 여부를 세세히 확인하라고 했다. 보관할 때는 온도 3~6℃에서 종이, 키친타월이나 습기 있는 천에 감싼 후 밀폐 용기에 두고 매일 천을 갈아주면 블랙은 1주일, 화이트는 2주 정도 보관할 수 있다고 했다. 일반적으로 11월과 12월에 채취한 화이트 트러플은 좀 더 오래 둘 수 있다고 덧붙였다.

구매 후 가능한 신선할 때 먹어야 하지만 트러플을 오일, 소금, 버터 등에 넣으면 오래도록 사용할 수 있다. 가령 갈아 놓은 트러플을 버터에 잘 섞어 빵에 바르거나 고기 등을 조리할 때 쓰면 풍미가 남다르다.

그날 나는 이탈리아 친구 로베르따(Roberta Graziano)가 점심 초대를 해 그녀의 엄마 아그네제(Agnese)가 만든 폴렌타(polenta)에 화이트 트러플을 함께 먹었다. 폴렌타는 말린 옥수수가루로 되직하게 쑤는 죽 또는 굳은 형태

+
박람회에서 만난 멋쟁이 헌터 할아버지가 오묘한 블랙 트러플 향을 맡아보고 있다.

+
화이트 트러플 모형이 매달린 모자를 쓴 헌터가 자신이 채취한 화이트 트러플을 자랑스럽게 보여주고 있다.

로 썰어 먹는 이탈리아 중부와 북부 지방의 전통 별미다. 움푹한 접시에 담은 따끈한 폴렌타에 버터를 넉넉히 바르고 그 위에 트러플 쉐이버로 화이트 트러플을 아주 얇게 저며 몇 조각 올렸다. 진미를 맛보며 나는 잠시나마 고귀한 트러플의 깊고 짙은 향내를 음미하는 미식가가 되어보았다.

+
헌터들은 화이트 트러플의 중량과 가격을 각각 적어 쇼케이스 안에 두고 판매한다.

트러플 헌터와 애견의 보물찾기

알바 외곽을 하이킹하던 중 나는 뜻밖에 트러플 헌터를 만나는 큰 행운을 얻었다. 수백 그루가 넘어 보이는 널따란 헤이즐넛 밭에서 엔리코(Enrico Zini)는 8살 된 개 미르코(Mircoh)와 한창 보물찾기를 하고 있었다. 67세인 그는 10살 때부터 트러플 헌터였던 아버지를 따라 다니며 배웠다고 했다. 이탈리아는 전문 트러플 헌터를 트리풀라우(trifulau)라고 부르는데, 흙과 가까이 살아온 할아버지, 아버지, 친지들을 통해 어릴 때부터 자연스럽게 보물찾기를 경험한 이들로 국가 자격증을 갖고 있다. 시험은 트러플 찾는 방법이나 보관 등 전문 지식에 관한 것으로 자격증 취득 후 매해 정부 기관에 회비를 내고 갱신해야 한다.

엔리코는 땅에 코를 들이대고 이리저리 냄새 맡는 미르코를 줄곧 뒤따라가며 행동을 유심히 지켜보았다. 나는 언제 미르코가 트러플을 발견할지 몰라 은근히 조마조마했다. 갑자기 미르코가 쌓인 낙엽을 파헤

치며 마구 땅바닥을 긁기 시작하자 엔리코는 지체없이 미르코를 제지했다. 그리고 반게또(vanghetto)라는 도구로 살살 파내자 밤톨만 한 블랙 트러플이 나왔다. 흙덩이와 무척 흡사한 트러플은 가늠하기 어려워 엔리코는 매번 조심스레 손으로 만져보고 냄새를 맡아 확인했다. 다시 캐낼 미래를 고대하며 파헤친 구덩이를 손으로 소중히 메우는 엔리코를 보며 가슴이 찡했다. 그것은 자연의 은혜에 대한 트러플 헌터의 극진한 예우였다. 자칫 한눈을 팔면 미르코는 순식간에 트러플을 먹어 버리기도 하고 입에 문 것을 안 뺏기려고 안간힘 쓰는 것을 보며 웃기도 했다. 트러플을 발견할 때마다 엔리코는 맛난 소시지를 주면서 칭찬하고 애견을 쓰다듬었다. 트러플은 꼭꼭 숨어 있었지만 진한 향기를 감추지 못하고 숨바꼭질에서 늘 지고 말았다.

엔리코는 미르코가 생후 5개월 때부터 몇 년에 걸쳐 하루에 10~15분 정도씩 훈련시켰다. 처음에는 누더기 천으로 만든 공안에 트러플을 넣어 한 장소에 두고 주인이 다시 갖고 오는 것을 보여주는 방법을 한동안 따라 하게 했다. 그다음은 너른 잔디밭에서 개가 보이지 않을 정도로 멀리 던져 냄새를 맡아 찾도록 하고 나중에는 아예 숨겨 놓은 공을 찾는 연습을 반복 했다. 그리고 공을 성공적으로 물어 올 때마다 애완용

+
널따란 헤이즐넛 밭에서 우연히 만난 트러플 헌터 엔리코와 그의 애견 미르코. 엔리코 왼편에 트러플 캐는 도구인 반게토가 꽂혀있다.

+
밤톨만한 트러플은 흙덩이와 아주 흡사하게 보인다.

간식을 주며 용기를 북돋워 주고 칭찬을 아끼지 않았다. 중요한 것은 단계적으로 가르칠 때마다 공 찾는 것을 주저하지 않을 때까지 완전히 마스터하면 다음 과정을 시작했다. 그런 다음 땅속에 묻어 둔 공을 찾아 발로 파헤쳐 꺼내는 훈련을 시키고 본격적으로 미리 묻어둔 트러플을 찾아 먹게 하여 맛을 제대로 익히도록 했다. 몇 년 동안 단계별 과정을 거쳐 숙련된 개로 성장하기까지는 주인과 개의 무던한 인내심과 강한 의지가 뒤따르는 시간인 것이다.

트러플 헌팅은 주인을 따르는 개와 세심한 배려를 하는 주인, 그리고 둘 사이의 깊은 신뢰감과 사랑의 합작이라고 엔리코는 말했다. 애견을 연신 쓰다듬어 주던 그는 진솔한 트러플 헌터의 모습이었다.

+
미르코가 트러플을 발견하자 엔리코가 곧바로 개를 제지하고 있다.

전통 음식의 대향연

러시아 흑빵·블리니·피로그

Russian Popular Food

러시아 여행을 통해 엿본 웅장한 건축물들은 호화찬란하기 이를 데 없이 예술적 정취를 흠씬 자아냈다. 동서양의 독특한 문화를 보존하는 러시아는 슬라브 민족의 역사 깊은 전통 음식이 뿌리내린 나라이다. 이들은 대표적 주식인 흑빵, 파이, 블리니 등을 가정에서 즐겨 만들어 먹는다. 러시아의 음식 문화와 우즈베키스탄의 전통 빵을 들여다 보았다.

고유한 전통 흑빵

러시아는 유달리 빵을 아끼고 존중하는 음식 문화를 지닌 나라다. 전통 풍습으로 가정에서는 방문한 손님을 환대하며 귀중한 '빵과 소금'을 내놓아 따뜻한 마음을 표한다. 이렇듯 제일 중요한 하루 양식인 빵은 러시아인들의 식탁을 항상 독차지한다. 특히 호밀빵으로 알려진 흑빵은 이들의 사랑을 한껏 받는, 가슴을 데우는 주식으로 부와 건강의 상징이기도 하다. 북부 러시아에서는 흑빵인 체르니 흘렙(cherniy hleb)을 아예 '빵'이라고 부를 정도다. 흑빵은 북유럽 전역에 널리 퍼져 있지만 유독 러시아 전통 흑빵은 사워도(sourdough) 특유의 시큼한 맛과 은근히 감도는 단맛의 하모니가 아주 기막히게 맛있다. 각별한 빵 맛을 내는 비결은 온전히 시럽 종류인 당밀(molasses)이다. 당밀은 달큼한 맛은 물론 갈색빛의 깊이를 더해주는데 주재료인 호밀 배합 비율에 따라 색깔이 조금씩 다르기도 하다. 여기에 독특한 향을 가진 고수(coriander) 씨나 캐러웨이(caraway) 씨의 향긋한 향미가 더해져 입맛을 사로잡는다. 그리고 빵을 씹을수록 미묘한 맛과 향이 우러나와 입안에 오래도록 머문다. 풍미와 식감이 뛰어난 흑빵은 러시아인들의 고향과 같은 맛이다.

흑빵은 이름과 생김새가 다른 몇 가지 종류들이 있는데 그중 보르딘스키 흑빵(Borodinsky rye bread)이 유명하다. 이 빵에 얽힌 슬픈 유래는 19세기 초로 거슬러 올라간다.

미망인 마가리타(Margarita Tuchkova)는 남편 알렉산더(Alexander Tuchkov) 장군이 보로디노(Borodino) 전쟁에서 나폴레옹과 싸우다 전사한 곳에 수녀원을 설립했다. 미망인은 수녀원장이 되었고 수도원에서 만든 빵은 애도하는 의식이나 행사에 바쳤다. 남달리 어두운 빵 색은 엄숙함을, 빵 위에 장식한 고수 씨는 남편의 생명을 앗아간 대포알을 암시한다고 전해진다. 이와 유사한 입증되지 않은 유래담들은 흑빵의 맛을 더욱 신비에 싸이게 한다.

보르딘스키 흑빵은 직사각형 모양으로 고수 씨가 넉넉하게 뿌려져 있다. 통후추 크기만 한 고수 씨는 입속에서 톡톡 터지며 진한 향기를 터뜨린다. 100% 호밀가루로 만든 전통 빵은 1990년대 말 이래 점점 수

+
보르딘스키 흑빵. 씹을수록 고수 향이 우러나와 입안에 오래도록 머문다.

요량이 줄어드는 상황이다. 빵 색깔이나 맛은 천차만별이며 호밀가루의 반죽 비율 역시 일정하지 않다. 이상적인 배합은 호밀 80~85%, 밀 15~25%, 그리고 소량의 기울(밀이나 귀리 따위의 가루를 쳐내고 남은 속껍질)을 넣기도 한다. 빵의 특성은 사워도의 높은 산성도는 곰팡이가 생기거나 쉽게 부패하는 것을 방지해 대략 4~5일 장기 보관이 가능하다. 빵 조직은 촘촘해 약간 무겁게 보이나 다른 흑빵보다 맛은 좀 차진 편이다. 흑빵은 먹으면 먹을수록 맛을 더 느낄 수 있다. 자꾸만 입맛을 당기는 묘한 매력이 있다.

세계적인 맛, 블리니

러시아인의 일상 음식 중에는 흑빵만큼 손꼽히는 별미 블리니(blini)가 있다. 미니 팬케이크인 블리니는 주재료인 메밀이나 기장, 수수 등등 곡식 가루를 사용했으며 전통적으로 러시아식 오븐에 구웠다. 이제는 밀가루를 많이 선호해 대부분 메밀가루와 혼합하는 추세이다. 이 외에 부수적 재료인 달걀, 우유, 버터, 이스트 등으로 걸쭉하게 반죽해 프라이팬에다 도톰하니 둥글고 작게 지진다.

잼이나 꿀을 발라 먹었던 평범한 스낵 블리니는 19세기로 접어들어 고급요리로 변모했다. 오늘날 세계 일류 레스토랑의 애피타이저 메뉴나 멋진 칵테일 파티의 카나페로 등장해 빠지지 않는다. 단순한 미니 팬케이크 같지만, 블리니에 세계 3대 진미인 캐비아를 곁들이면 맛의 진가가 달라진다. 토핑은 주로 가공 처리한 철갑상어의 알 블랙 캐비아와 연어, 송어, 대구 알인 레드 캐비아이며 훈제 연어도 단골 토핑으로 오른

+
블리니는 잼, 꿀 뿐만 아니라 캐비어 연어알 과일 등 어떤 토핑과도 궁합이 좋다.

다. 먼저 블리니 위에 스메타나(smetana)를 바르고 캐비아나 연어를 얹는데 둘도 없는 맛의 단짝이다. 스메타나는 러시아식 사워크림(sour cream) 일종으로 유지방 함량이 높은 발효 크림이다. 러시아 주방의 감초인 스메타나는 수프에 풀어 먹기도 하는 등 고루 쓰인다. 블리니 토핑은 무궁무진하며 설탕에 절인 과일들 또한 훌륭한 디저트로 손색없다.

블리니의 둥근 모양은 기원전 동유럽과 중앙아시아에 거주한 슬라브족이 태양을 상징한 음식으로 여겼던 오래 역사를 갖고 있다. 마스레니차(Maslenitsa)는 2세기 이래 계승된 슬라브족의 가장 오래된 축일로 러시아에서는 일주일간 계속되는 봄 축제다. 일명 크레이프 주간(crepe week)인 이때는 특별히 블리니 일종인 블린치키(blinchiki)를 먹는데 프랑스의 크레이프처럼 아주 얇고 크다. 블린치키는 생명의 근원인 태양, 온기, 새봄맞이를 의미한다. 제법 크다보니 고기류, 양파, 감자 등 채소를 넣어 말기도 하고 부채꼴로 두 번 접어 꿀을 뿌려 먹기도 한다. 슬라브족의 주류였던 러시아뿐만 아니라 우크라이나, 벨라루스, 라트비아 등지에서 블리니와 흡사한 치즈가 든 시르니키(syrniki)와 올라디(oladyi)를 맛볼 수 있다.

러시아의 파이 사랑

러시아 주방은 전통 파이 피로그(pirog) 굽는 냄새로 꽉 차있다 해도 과언이 아니다. 피로그는 동유럽 국가에 널리 퍼져 있으며 러시아 주방을 지키는 대명사다. 연회, 축제를 뜻하는 피로그는 가정에서 평상시 만들거나 흔히 즐겨 사 먹는 스낵으로 인기 높다. 레시피는 대대손손 내려오는 집안의 자랑거리로 집에 친구를 초대할 때도 피로그를 먹으러 오라는 고유 풍습이 있다.

피로그의 특정한 유형으로 피로스키(piroshki), 쿨리비아크(coulibiac), 라스테가이(rasstegai), 바트루시카(vatrushka) 등이 있으며 모양과 크기가 다양하다. 피로그처럼 윗면이 완전히 덮여 있거나 오픈된 여러 형태로 달콤한 맛과 짭조름하게 구미 당기는

+
모스크바의 한 베이커리에서 만든 디저트용 피로그. 원형 틀에 파이 반죽을 넣은 다음 아몬드가루, 으깬 사과 등을 올린다.

+
둥굴게 민 반죽을 위에 올린 다음 양끝을 살짝 집어 모양을 내어 마무리 한다.

속 재료들이 꽉 차 있다. 원래는 호밀가루만 사용했으나 지금은 거의 밀가루를 쓰는 편이다. 재료에 따라 생선, 닭고기, 고기 등을 갖은 채소랑 섞어 만들고 수프와 같이 먹는 든든한 한 끼 식사나, 아니면 과일과 치즈 종류가 든 디저트용으로 구분된다.

'작은 피로그'라고 하는 피로스키는 유선형으로 빚어 놓은 통통한 만두 같다. 일반적으로 소고기에 으깬 감자, 버섯, 양파, 양배추 등으로 버무린 소를 준비하고, 이 또한 치즈, 과일, 잼 등을 첨가해 감칠맛 나게 만들기도 한다. 오븐에 노르스름하게 구워낸 피로스키는 손에 온기를 느끼며 먹어야 제맛이다.

+
고기와 채소가 듬뿍 들어간 피로그.

쿨리비아크는 20세기 초, 러시아에서 일했던 유명한 프랑스 셰프가 자국에 소개하면서 당시 프랑스에서 큰 인기를 끌었다. 큼직한 장방형 파이는 퍼프 페이스트리로 만드는데 위에다 생선, 동물 모양 등 나름대로 각종 장식을 하기도 한다. 복잡한 레시피들이 많지만, 보편적으로 고기 또는 생선에 쌀, 채소 등 몇 가지 재료만으로 간단하게 만든다. 파이 쿨리비아크 역시 뜨끈할 때 먹어야 제맛을 즐긴다.

피로그 종류 중 라스테가이는 참 특징있게 생겼다. 작은 배 모양인 가운데가 오픈되어 소가 드러나 먹음직스럽게 보인다. 벌어진 틈에는 맛을 부드럽게 해주기 위해 육수를 붓고 버터 조각을 넣는다. 고기 종류, 간, 달걀, 쌀, 버섯과 채소, 향신료 등 전형적인 재료가 쓰이지만 색다른 연어나, 철갑상어 같은 생선류로 채워 오븐에 굽는 경우도 있다.

러시아에서 꼭 먹어봐야 하는 것을 꼽으라면 바트루시카를 빼놓을 수 없다. 슬라브족의 별식 중 하나로 러시아 인접 국가에서도 정평이 나 있고 빵집의 한 자리를 확고하게 지키는 인기 품목이다. 크기는 단팥빵만 한데 치즈 일종인 쿠아르크(quark), 쿠아르크가 안에 들어 있다. 치즈는 설탕, 달걀, 바닐라 향 등을 섞어 맛을 내고 플레인 혹은 건포도, 말린 과일들을 고명으로 뿌려 굽는다.

전통 파이에 대한 러시아인의 자긍심은 남다르다. 수없이 많은 각양각색의 피로그는 단맛부터 짭짤한 맛으로 입맛을 당기며 이들의 식탁을 풍성하게 해준다.

우즈베키스탄 전통 빵

+
항아리처럼 생긴 전통 오븐 탄두르에서 꺼낸 다 구운 오비 논.

상트페테르부르크(St. Petersburg)에서 남쪽으로 24km 떨어진 교외의 푸시킨(Pushikin)에서 머물렀을 때였다. 재래시장에서 우연히 한 빵집을 발견했는데 다름 아닌 우즈베키스탄 전통 빵집이었다. 양팔을 벌리면 벽면에 닿을 듯, 이제까지 본 빵집 중에서 제일 작았다. 좁은 공간 한구석에는 항아리 식 전통 오븐 탄두르(tandoor)가 놓여 있고 젊은 제빵사는 다음날 만들 삼사(samsa) 반죽을 하느라 열심이었다. 그는 1m가 훨씬 넘어 보이는 퍼프 페이스트리를 밀대 대신 두 주먹으로 힘을 다해 꾹꾹 눌러 펴 댔다. 올록볼록 주먹 자국이 난 반죽 위에 손가락으로 버터를 일일이 펴 바른 다음 반으로 포개어 다시 누르는 수작업을 반복했다. 완성된 퍼프 페이스트리를 4등분으로 자르자 단면 사이사이로 듬뿍 바른 불규칙한 버터의 두께가 드러났다. 삼사는 우즈베키스탄과 카자흐스탄을 비롯한 중앙

+
오비 논의 모양은 둥그런 빵 가운데에 꽃잎 문양이 찍혀 있고 빵 전체를 둘러 가며 섬세한 선들이 그어져 있다.

아시아의 전통 빵으로 탄두르 벽면에 붙여 굽는다. 대개 다진 양고기와 채소로 소를 만들며 소고기와 닭고기도 많이 사용한다. 길거리 어디서나 살 수 있는 대중적인 간식거리이기도 하다. 특히나 손님들은 자주 와서 오비 논(obi non)이라는 우즈베키스탄과 타지키스탄 전통 빵을 찾았다. 오비 논은 중앙에 꽃잎 문양이 찍혀있고 빵 전체를 둘러가며 섬세한 선이 그어져 특이하다. 탄도르에 빵 굽는 것은 아쉽게도 볼 수 없었지만 러시아에서 우즈베키스탄 전통 빵을 맛볼 수 있었던 행운에 감사했다.

+
우즈베키스탄과 타지키스탄의 전통빵 오비논.

오슬로의 문화유산

162년 전통의 '엥에브렛 카페'

A Traditional Café in Oslo

엥에브렛 카페는 19세기에 오픈한 오슬로에서 가장 오래된 카페다. 올해로 162주년을 맞이한 카페는 노르웨이가 낳은 세계적인 예술가들의 발자취가 남아 있는 곳이기도 하다. 예술의 정취가 밴 역사의 산실 엥에브렛 카페는 보배로 가득한 작은 박물관 같다. 노르웨이 전통요리 레스토랑으로 자리매김한 전설적인 엥에브렛 카페의 깊은 역사를 더듬어 본다.

1857년에 시작된 문화유산

노르웨이의 수도 오슬로에는 각별한 엥에브렛 카페(Engebret Cafè)가 있다. 오슬로에서 가장 오래된 이 카페는 162년 된 역사적인 레스토랑이다. 카페 건물은 1760년경에 완공되었으며 문화재로 지정되어 노르웨이 문화유산국(Norwegian Directorate for Cultural Heritage)의 법적 보호를 받고 있다. 2층으로 지은 집은 조밀하게 덮인 기와지붕 사이사이로 조그만 창문들이 내밀고 있어 그 모습이 아기자기하다. 정문 왼편의 노상 카페에 놓인 테이블들은 따사로운 오후의 햇살을 즐기는 손님들로 자리를 가득 메웠다. 바로 옆쪽으로 헤드폰을 낀 현대적 소녀상이 손님들과 어깨를 나란히 마주하고 앉아 있어 그 모습이 정겹기만 하다. 입구 정면에는 19세기 노르웨이의 대표적인 연극배우 요한네스 브룬(Johannes Brun)의 동상이 우뚝 서 있어 색다른 카페 전경과 분위기를 연출한다. 초입부터 예술적 정취가 물씬 풍기는 엥에브렛 카페는 그 옛날 연극배우와 예술가, 그리고 관객들의 미팅 장소이자 쉼터였던 곳이다. 당시 카페와 가까웠던 크리스티아니아 극장(Christiania Theater)은 63년간 장기간에 걸쳐 공연한 오슬로 최초의 대중 극장이

+
1층 레스토랑 모습. 나이 들어 보이는 카페트와 진한 자줏빛 벽지로 물든 실내는 고풍스런 절제미가 흐른다.

었으며 1899년에 문을 닫았다.

엥에브렛 카페 이름은 창시자였던 엥에브렛 크리스토퍼센(Engebret Christophersen)의 이름에서 따왔다. 엥에브렛은 작은 도시 노르 오달(Nord Odal) 태생으로 오슬로의 한 카페에서 조수로 처음 출발해 레스토랑의 웨이터가 되었다. 맨주먹으로 시작해 크게 성공한 그는 훗날 1857년, 자신의 카페를 열었다. 그로부터 5년 후, 엥에브렛은 현재 건물을 매입하고 카페를 이전 했으며 오늘날까지 카페는 오랜 역사와 함께 건재한다.

+
엥에브렛 카페의 총지배인 카이. 그는 여느 직원과 같이 흰 셔츠에 검정색 앞치마를 두르고 연신 손님맞이에 분주했다.

역사의 산실인 카페

엥에브렛 카페에서 만난 카페 대표이사 카이(Kay Johnsen)의 첫인상은 신선했다. 그는 직원들과 똑같은 흰 와이셔츠 위에 치렁거리는 검은색 앞치마를 두른 채 연신 손님맞이에 분주했다. 레스토랑 경영자인 카이는 2007년에 엥에브렛 카페 총지배인으로 경영을 책임지고 있다. 1990년대 후반에 이곳에서 한때 일했던 현재 노르웨이 왕세자빈 메테마리트(Crown Princess Mette-Marit)는 가장 널리 알려진 웨이트리스였다며 그는 태연하게 설명했다. 귀가 솔깃했던 에피소드를 서두로 카이는 카페 내부 곳곳을 안내하면서 남겨진 깊은 역사의 이야기보따리를 풀기 시작했다.

카페 1층에 들어서자 나무로 된 나직한 천장에 매달린 등, 나이 들어 보이는 카펫과 벽지 색은 진한 자줏빛으로 물들어 실내는 고풍스러운 절제미가 흘렀다. 각각 색다르게 꾸며진 크고 작은 연회실과 레스토랑의 사방 벽면은 액자들로 빼곡히 에워싸있었다.

나무 계단을 따라 2층으로 오르니 화려한 연회실에는 십여 미터 남짓한 긴 다이닝 테이블을 따라 샹들리에가 몇몇이 걸려있었다. 카이는 햇살 가득한 창가에 놓인 미니어처 동상을 가리키며 헨리크 입센(Henrik J. Ibsen)이라고 했다. 〈인형의 집〉으로 유명한 노르웨이의 극작가 입센은 부인과 함께 창가 옆 테이블에서 곧잘 커피를 마셨던 단골이었다고 한다. 지금은 그 자리에 팔걸이의자 두 개와 20세기 조각가 니나(Nina Sundbye)의 작품인 작은 입센 동상이 놓여 있어 옛 자취를 더듬어 보게 한다.

노르웨이가 낳은 위대한 작곡가 그리그(Grieg) 역시 이 카페를 드나든 단골 중 한 명이었다. 카이는 연회실 한쪽 코너의 피아노 뚜껑을 열어 보이며

+
잡곡빵 위에 새우, 햄, 그라블락스를 얹고 오이, 레몬, 딜, 토마토 등으로 풍성하게 만든 오픈 샌드위치. 점심 뷔페에서 만나볼 수 있다.

그리그가 연주했던 151년 된 피아노라고 했다. 예술가들을 비롯한 유명 인사들의 집합소였던 엥에브렛 카페는 그들이 남긴 발자취를 돌이켜보는 역사의 산실인 박물관과 다를 바 없었다.

전통 요리를 담아내다

단골손님이었던 세기의 예술가들은 엥에브렛 카페 요리를 즐겼다고 한다. 카이는 그들의 고정 메뉴들을 줄줄 외우다시피 늘어놓았다. 그리그는 운명하기 한 해 전인 1906년, 2층 연회실에서 연주회를 마친 후 큰 파티를 치렀는데 코스 메뉴는 바다거북 수프와 사슴 고기 튀김, 그리고 노르웨이 전통 클래식 디저트인 문라이트 푸딩(moonlight pudding)이었다. 이 푸딩은 무스 타입으로 그 당시 달걀을 듬뿍 넣어 만든 호사스러웠던 디저트였으며 그리그가 가장 좋아했다고 한다.

노르웨이의 국민 화가 뭉크(Edvard Munch) 역시 고정 손님이었다. 뭉크는 동료 화가들과 함께 단골 메뉴인 채소를 곁들인 대구 튀김 요리를 레물라드(rémoulade)와 함께 즐겼다고 한다. 타르타르 소스와 유사한 레물라드는 해산물 요리, 그중에서도 생선튀김에 잘 어울리는 소스다.

카페를 오픈 한 이래 만든 각종 샌드위치를 점심 뷔페에서 맛볼 수 있으며 오전 11시 30분부터 오후 2시 30분까지 제공된다. 12월은 전형적인 크리스마스 요리로 풍성한 뷔페가 차려진다. 주로 10월부터 크리스마스 전까지 예약이 거의 꽉 찰 정도로 인기가 높다. 특히 12월 21일까지 열리는 크리스마스 디너는 9월경부터 서둘러 예약하는 고객들이 있어 일찍 마감된다고 카이는 귀띔해 주었다.

크리스마스 시즌 동안에 손님의 60% 이상이 대구 생선살 요리인 루테피스크(lutefisk)를 주문해 대구만 1,900kg을 넘게 소비한다. 루테피스크는 노르웨이를 포함한 노르딕 국가인 핀란드, 스웨덴, 덴마크 등지에서 먹는 전통 음식이다. 생선살은 가성소다(양잿물)로 처리한 후 자연풍에 건조하는데 조리하기 전에 5~6일간 물에 충분히 불린다. 생선은 젤리처럼 말랑거리는 상태로 오븐에 굽거나 물에 데쳐 간단히 소금, 후추, 버터를 발라 먹는다. 우리나라의 삭힌 홍어만큼 냄새가 고약한 루테피스크는 별미로 꼽힌다.

또 한가지 노르딕 전통 그라블락스(gravlax)를 빼놓을 수 없다. 싱싱한 연어를 소금, 설탕, 그리고 허브인 딜(dill)에 며칠 동안 재워 가공한 후 얇게 저며 애피타이저로 먹는다. 선선해지는 가을로 접어들면 크리스마스 디너로 즐겨 먹는 양고기 요리 핀네숏(pinnekjøtt)이 단연 대세다.

162년 전통을 이끄는 경영인

카이는 노르웨이 전통 음식을 고수하기 위해 온갖 정성을 기울인다. 한 가지 최대 목표는 전통요리를 전문으로 하는 최고의 레스토랑을 만들기 위한 굳은 신념뿐이다. 여러 공급자로부터 재료를 납품받지만 치즈 제조자를 직접 만나거나 채소 농장을 방문해 신선한 것으로 손수 구매

하기도 한다. 구입 시 최고 품질을 최우선으로 신중한 재료 선택을 한다. 이렇듯 세세한 관심을 기울인 지 10여 년, 그는 엥에브렛 카페 요리의 맛과 품격을 예전에 못지않게 한껏 끌어 올렸다.

15살 때 카이는 고향 트롬쇠(Tromsø)의 조그만 식당에서 접시 닦는 일을 시작으로 셰프가 되었다. 훗날 호텔 전문 대학에서 레스토랑 경영과 소믈리에를 전공했으며 뉴욕, 프랑스 등지에서 경험을 쌓기도 했다. 노르웨이에서 5번째 큰 도시인 크리스티안산(Kristiansand)의 역사 깊은 호텔 관리자로 성공 가도를 달리던 중 엥에브렛 카페를 떠맡게 되었다.

오전 10시경 출근해 집에 돌아가는 저녁 9시까지 일에 푹 빠져 사는 분주한 일상이라면서도 카이는 활짝 웃었다. 각계각층의 손님들이 찾아오다 보니 자신의 직업이 은근히 흥분되는 생활의 연속이라고 평했다. 천성적으로 사람 만나 대화하는 것을 좋아한다고 서슴없이 말하는 그는 두터운 친분을 맺는 일상이 즐겁기만 하다. 한 번 다녀간 손님들은 되도록 기억해 재차 방문했을 때 반갑게 맞이하는 카이 만의 매너가 있다.

사업가이자 창시자인 엥에브렛이 시작한 사업을 지속하면서 카이는 문화유산을 지키는 막중한 책임감을 무겁게 느낀다고 진솔하게 말했다. 카페 입구에서 손님들을 반기며 안내하고, 직원들 못지않게 테이블 사이를 바삐 누비고 다니던 그는 손색없는, 타고난 경영인이었다.

Engebret Cafè
Bankplassen 1, 0151 Oslo, Norway
☎ (+47) 22 82 25 25

전통요리와 빵의 진수

미식 대국 '조지아'

The Traditional Dishes and Breads

세계 문호들조차 칭송을 아끼지 않았던 조지아의 위대한 자연과 음식. 아름다운 코카서스의 조지아로 가는 길은 요리의 향연과 함께 시작한다. 그리고 풍성한 전통요리의 맛에 푹 빠질 즈음에 조지아 여행은 완성된다. 이들은 한 상 가득 차린 음식으로 손님을 환대하고 마음을 열게 하는 참 따뜻한 민족이다. 구미가 도는 조지아 전통 국민 음식의 색다른 맛이 이곳에 있다.

조지아가 사랑하는 하차푸리

조지아는 깊숙이 내려앉은 알프스 같은 대자연이 천하의 절경을 이룬다. 게다가 동유럽과 서아시아의 음식 문화가 교류하는 곳으로 입맛을 사로잡는 요리들이 넘쳐난다. 성찬을 베풀고 함께 즐기는 조지아인들에게 음식은 사회 문화의 중요한 부분이 아닐 수 없다. 전통 음식 축제인 수프라(supra)는 2017년, '조지아의 무형 문화유산'(Intangible Cultural Heritage of Georgia)으로 기록되어 있다. 두말없이 음식은 조지아 민족의 일체성을 지켜주는 원동력이다.

여행에서 돌아와서도 한동안 떠오르는 조지아 음식들. 다시 먹고 싶어지는 맛의 중독성은 대단히 깊다. 여러 전통 음식 중 조지아인들은 물론 여행객들에게 으뜸가는 것은 단연코 하차푸리(khachapuri)다. 국가적 차원의 음식으로 알려진 하차푸리는 수 세기에 걸쳐 전 국민의 인기를 독차지하고 있다. 그런데 그 유래에 대한 기록은 정작 드물다. 조지아 음식 역사학자들은 하차푸리가 피자와 비슷하다는 의견에 대해 견해를 달리한다. 고대 로마 병사들에 의해 피자와 유사한 레시피가 흑해를 통해 반입되어 코카서스 지역에 널리 전해졌다. 이 레시피는 구운 치즈 빵이었고 토마토는 17세기경에 유럽으로 들어왔다며 음식 역사학자들은 하차푸리도 이와 다를 바 없다는 의견이다.

입맛을 훔치는 다양한 하차푸리

조지아인들은 매일 하차푸리를 먹어도 질리지 않는다고 말할 정도이다. 그도 그럴 것이 하차푸리는 지방에 따라 다른 맛과 갖가지 모양이 있다. 이들은 행복한 사람이 맛있는 하차푸리를 만든다고 말한다. 슬프거나 안 좋은 일이 있을 때 절대 빵 반죽을 만지지 않는다는데 그 이유는 맛있는 하차푸리를 만들 수 없다고 생각하기 때문이다. 인정할 수밖에 없는 게 먹어 본 하차푸리마다 한결같이 기막히게 맛있었다.

하차푸리 종류는 십여 가지로 각기 두드러진 지방색을 나타낸다. 유독 아자리야(Adjara)의 아차룰리 하차푸리(acharuli khachapuri)는 참으로 독특한 모양이다. 작은 돛단배 모양의 빵 가운데에 찰

+
아차룰리 하차푸리. 빵 가운데에 노른자가 고인 작은 돛단배 모양으로 생김새가 독특하다.

랑찰랑한 달걀노른자가 고여 있어 별나 보인다. 빵은 완성되기까지 세 번씩 오븐 속을 들락거린다. 만드는 과정을 보면 빵 반죽을 약 15cm 크기로 둥글게 밀은 후 양쪽을 잡아 늘여 타원형으로 빚는다. 가장자리를 3cm 가량 안쪽으로 접어 누르고 일단 오븐에 굽는다. 거의 구워질 무렵 빵 한가운데에 갈아 놓은 술구니(sulguni)를 올린다. 사메그렐로(Samegrelo) 주의 전통 치즈 술구니는 젖소나 버펄로(buffalo) 우유를 사용해 하루나 이틀 만에 완성된다. 소금에 절여 '피클 치즈'라고도 한다. 모차렐라처럼 탄력성 있고 뜨거워지면 실같이 가늘게 늘어나 쫄깃쫄깃하다. 술구니가 없다면 모차렐라와 짭짤한 그리스 치즈 페타(feta)를 섞어 대체해도 무난하다. 완성된 빵을 꺼내기 직전, 녹은 치즈 위에 달걀을 깨뜨려 2~3분간 다시 굽는다. 이 시점은 제빵사의 숙련된 감각으로 판단하는 아주 중요한 순간이기도 하다. 왜냐하면 맛있게 먹기위해 달걀흰자는 완전히 익고, 빵을 흔들었을 때 노른자가 약간 덜 익은 상태로 가볍게 찰랑거리는 순간 꺼내야 하기 때문이다.

아차룰리 하차푸리는 먹는 방법 또한 유별나고 재미나다. 전통적으로 떼어 낸 빵 조각을 이용해 먹는데 한 빵집 여주인은 포크와 칼을 사용해 먹는 법을 직접 보여주었다. 맨 먼저 칼을 눕혀 빵 테두리 밑 부분을 돌려가며 칼질해 빵 껍질과 공간을 만들었다. 그러고 나서 달걀노른자를 터뜨려 치즈와 휘저어 섞었다. 빼죽한 빵 끝쪽부터 가장자리를 잘라가며 치즈 믹스에 찍어 먹기 시작하는데 쭉 따라올라 오는 치즈 맛은 환상이었다. 아차룰리 하차푸리는 언제나 치즈 믹스가 동날 즈음 한 개 더 먹고 싶은 즐거운 고민을 하게 만드는 빵이다. 입맛에 맞게 치즈 믹스에 버터 한 조각을 넣기도 하고 파슬리, 민트 등을 뿌려 먹는다.

아차룰리 하차푸리만큼 맛깔 나는 이메룰리(imeruli) 하차푸리 역시 입맛 다시게 하는 빵이다. 중부 이메레티 주가 원조인 이메룰리 하차푸리는 조지아에 가장 널리 있는 인기 높은 국민 음식으로 손꼽힌다. 모양이 둥근 이 빵은 밋밋해 보이지만 빵 속에 이메룰리 치즈 믹스가 꽉 차 있어 먹을수록 식탐을 참을 수 없다. 아차룰리 하차푸리는 굽고 나서 달걀과 치즈를 섞어 빵을 찍어 먹는데 이메룰리 하차푸리는 빵 반죽 안에 치즈 믹스를 넣고 구운 것이다. 이메룰리 하차푸리는 오븐 또는 바닥이 두꺼운 프라이팬에 기름 없이 굽는다. 뜨끈한 빵 위에다 버터를 발라 주면 맛이 더욱 부드럽고 서빙할 때는 들고 먹기 좋게 조각으로 등분한다.

서부에 위치한 사메그렐로 주의 메그룰리(megruli) 하차푸리는 하차푸리 종류에서 치즈가 제일 많이 들어간 더블 치즈 빵이다. 치즈가 토핑으로 듬뿍 올라가 피자와 매우 흡사해 보이지만 빵 속에 또 치즈가 들어있어 원 없이 치즈를 먹는다. 사메그렐로 주와 마주 붙은 구리아(Guria) 주에서는 그룰리(gruli) 하차푸리가 있다. 피자를 반 접어 구운 칼초네(calzone)를 연상하게 하는데 속 재료는 삶은 달걀과 치즈를 넣는다. 이외에 치즈와 감자, 혹은 고기류가 든 하차푸리 등 나열된 종류의 이름만 들어도 군침이 절로 돈다.

맛의 색깔이 다른 전통 음식

조지아인들에게 음식은 나눔의 기쁨이다. 여행 중 시골 가정집에서 두어 번 식사할 기회가 있었는데 소탈한 상차림은 늘 푸짐했다. 정성스럽게 장만한 음식은 손맛이 뛰어나고 영락없이 입맛을 끌어당겼

+
만두와 비슷한 힌칼리는 손꼽히는 국민 음식 중 하나이다.

다. 갖은 별미 중 한눈에 쏙 들어온 것은 우리 만두와 비슷한 힌칼리(khinkali)였다.

힌칼리는 조지아 산악지대에서 유래되어 코카서스 여러 곳으로 퍼졌다. 원조 레시피로 일컫는 헤브수룰리(khevsuruli) 힌칼리는 다진 양고기, 아니면 소고기와 돼지고기를 섞고 양파, 커민(cumin), 고추가루, 소금 등 양념을 첨가한다. 산중에서는 양고기를 넣어 예찬하는 귀한 음식이지만 일반적으로 소고기와 돼지고기를 사용한다. 지역에 따라서 이메룰리 치즈, 양송이버섯, 으깬 감자 따위의 제각각 특색 있는 힌칼리 맛을 볼 수 있다. 도심의 모던한 레시피 칼라쿠리(kalakuri) 힌칼리는 파슬리로 맛을 낸다.

흰 꽃봉오리 같은 예쁜 힌칼리는 손꼽히는 국민 음식 중 하나이기도 하다. 여러 겹으로 잡힌 잔주름과 유난히 긴 꼭지가 달린 특이한 모양새로 꼭지는 모자 혹은 배꼽이라 부른다. 힌칼리를 먹을 때 손으로 꼭지를 잡고 먹는 전통적 관습이 있다. 꼭지는 손잡이 구실을 하는 부분이지만 두툼해서 잘 안 익기도 해 먹질 않는다. 다 먹은 후 접시에 남은 꼭지로 몇 개나 먹었는지 재미로 세어 보기도 한다.

힌칼리를 제대로 맛나게 먹는 방법이 있다. 속 재료를 준비할 때 육즙을 많이 내기 위해 고기에 물이나 육수를 넣어 조물조물한다. 그렇기에 꼭지를 잡고 한 입 살짝 베어 물어 안에 든 육즙을 먼저 빨아 마신 후 먹기 시작해야 한다.

식탁 한 자리를 차지한 옥수수빵 므차디(mchadi)는 아낙네의 소박한 솜씨가 흠뻑 묻어나 보였다. 중서부 지역에서도 이메레티 주가 유명한 므차디는 수 세기 동안 빵 대용이었다. 얼핏 콜롬비아와 베네수엘라의 전통 빵 아레파(arepa) 같아 보이는데 실로 두 빵은 재료나 만드는 법이 엇비슷하다. 재료도 발효제를 전혀 쓰지 않고 옥수숫가루, 소금, 물로 반죽한 100% 옥수수빵이다. 더욱이 모양도 작고 동글 납작하게 빚어 밑바닥 도톰한 프라이팬에 앞뒤를 노릇하게 오래도록 굽는다. 므차디는 특히 로비오(lobio), 존졸리(jonjoli) 치즈류와 곁들여 먹는다. 로비오는 빨간 강낭콩이 주재료로 마늘, 양파, 호도, 고수 등 허브와 양념들을 가미해 입맛을 돋운다. 조지아인들은 호박, 토마토, 오이, 마늘 등 채소류 피클을 좋아하는데 존졸리도 그중 하나인 애피타이저다. 존졸리 나무의 꽃이 피기 전인 5월에 향기 좋은 꽃자루를 따서 절인 피클을 일 년 내내 먹는다. 므차디는 물론 수프나 삶은 감자, 빵 등 어느 음식에도 잘 어울린다. 다른 지방에는 므차디와 약간 다르게 술구니를 넣고 구운 츠비시타리(chvishtari)가 있다.

조지아는 지역마다 온갖 전통 먹을거리가 넘치는 작은 나라이다. 그리고 맛있는 음식이 풍성한 미식 대국이다.

조지아의 고유한 화덕 '토네'

'동유럽의 스위스'라 불리는 조지아. 웅장한 코카서스의 대산맥 줄기에 자리한 조지아의 풍광은 수려하기 그지없다. 압도되는 것은 시각만이 아니다. 이 나라 요리는 일단 먹어보면 홀딱 반하고 말아 입맛까지 압도당한다. 별미 요리와 곁들여 나오는 다양하고 푸짐한 빵 또한 놓칠 수 없다. 미식의 나라에서 융숭히 대접하는 전통 빵과 디저트는 조지아의 아주 특별한 맛이다.

빵, 치즈, 와인이 없는 조지아 식탁은 상상조차 할 수 없다. 특히 이들이 애착하는 빵은 주요한 주식으로서 일상은 빵과 함께 시작한다. 식당에서도 으레 소복하게 담은 탐스러운 빵 바구니를 먼저 내와 빵을 덥석 집게 된다. 먹을수록 구미가 당기고 자꾸 손이 가는 빵 맛의 비법은 다름 아닌 전통 화덕 토네(tone)다. 토네는 탄도르(tandoor)와 유사한 조지아식 화덕으로 이와 같은 형태는 중앙아시아를 비롯하여 인도, 중동 등지에서 널리 사용한다.

토네는 외관이 커다란 항아리나 원기둥 형태로 널빤지를 둘러 덧대는 등 서로 다른 외형을 갖추고 있다. 내벽은 내화 벽돌로 켜켜이 쌓여있으며 전통적인 방법은 땔감으로 화덕을 한 시간 이상 지핀다. 그런데 연기의 그을음이 건물 내부를 많이 손상시키다 보니 도심지 빵집에서는 간편하게 가스 불이나 전기선이 밑바닥에 설치된 토네를 주로 사용한다. 뜨겁게 달군 토네는 쇠뚜껑을 덮어 두어 열기가 오래도록 지속된다. 단지 7~8년마다 벽돌을 교체해야 해서 토네 수명은 그리 길지 않은 편이다.

토네를 갖춘 빵집에서 전문으로 굽는 전통 빵을 통틀어 토니스 푸리(tonis puri)라고 하며 푸리(puri)는 조지아어로 빵을 뜻한다. 이 중 모양새가 유달리 특이한 쇼티스 푸리(shotis puri), 그리고 달콤한 빵 나주키(nazuki)도 토네에서 굽는 주메뉴다.

토네에 굽는 전통 푸리

조지아에서 보았던 빵집들은 종종 간판도 없고 토네만 떡하니 자리를 차지하고 있었다. 수도 트빌리시(Tbilisi)에서 오래된 18세기경 빵집인 '토네'(Tone)는 상호의 뜻조차 '빵집'이었다. 어찌 생각하면 조지아인들은 빵집 명성이 아닌 토네와 제빵사 일솜씨를 인정하기 때문이 아닐까? 그도 그럴 것이 토네에서 갓 꺼낸, 고소한 냄새가 물씬 풍기는 전통 푸

+
토네 벽에 붙어 있는 토니스 푸리를 갈고리가 달린 카비와 스크레이퍼인 사프헤키를 이용해 꺼내는 모습.

+
트빌리시에서 18세기경 문을 연 빵집 '토네'의 한 제빵사가 막 구운 토니스 푸리를 옮기고 있다.

+
재래시장에서 직접 구운 쇼티스 푸리를 판매하고 있다.

리의 맛은 실로 비할 데가 없었다.

몇몇 빵집에서 쇼티스 푸리를 만드는 제빵사들을 각각 지켜볼 수 있었는데 마침 제각기 다른 모양을 빚어 흥미로웠다. 쇼티스 푸리는 간단히 쇼티라 부르며 카누처럼 길쭉하고 양 끝이 빼죽하다. 제빵사들은 밀대를 일절 쓰지 않았고 쇼티스 푸리는 온전히 이들 손끝에서 완성되었다. 한 제빵사가 만들던 쇼티는 발효가 끝난 반죽을 손으로 눌러 편 다음 도르르 말아 양쪽 끝을 가늘게 밀었다. 도톰한 가운데 부분은 납작하게 양 손가락으로 두들겨 폈다. 그리고 대충 형태가 잡힌 반죽을 봉긋한 오븐용 쿠션 라파티(lapati)에 올려놓았다. 유선형 라파티는 60~70cm는 족히 되어 보였는데 재차 중앙과 양 끝을 라파티 길이만큼 죽죽 잡아당겨 길게 늘렸다. 또 다른 모양의 쇼티는 기다란 일자형으로 휘어진 곡선미가 빼어나게 고왔다. 빵 반죽을 웬만큼 눌러 펴주던 제빵사는 양쪽을 잡고 내리치면서 흔들자 한순간 길이가 주욱 늘어났다. 그런 다음 라파티에 빵 반죽을 올려놓고 양 끝부분을 늘려가며 모양을 가다듬었다. 전형적인 토니스 푸리는 원형으로 된 라파티를 사용했다. 둥근 라파티를 다 덮을 만큼 빵 반죽을 잡아 늘이더니 한쪽만 7~8cm가량 길게 늘어뜨려 놓았다.

푸리마다 토네에 굽기 직전에 한가운데를 손가락으로 꾹 눌러 주었는데 이유는 오목한 곳에 갈고리를 걸어 꺼내기 때문이었다. 또한, 벽면에 잘 붙도록 손가락으로 물을 몇 군데 묻혔다. 라파티 옆쪽에는 엄지손가락을 끼워 들 수 있도록 작은 구멍이 나 있었다. 제빵사는 빵이 타지 않게 열기가 나오는 바닥에서 50cm 정도 떨어진 곳부터 라파티를 내벽에 세게 내리쳤다. 제빵사는 거의 상반신을 구부린 채 한 손은 토네를 붙잡고 한쪽 발은 들려 춤을 추는 듯한 동작을 계속 반복했다.

푸리를 꺼낼 때는 손잡이가 긴 두 개의 도구를 사용하는데 우선 갈고리가 달린 카비(kavi)를 빵에 나 있는 구멍에다 걸어 놓는다. 그리고 스크레이퍼인 사프헤키(safkheki)로 바짝 들러붙은 푸리를 살살 긁어 떼어 낸다. 카비에 대롱대롱 매달려 나오는 푸리는 나무 선반에 놓여 손님을 기다린다. 남달리 토네의 곡선을 그대로 따온 쇼티스 푸리는 휘어진 선이 유독 예쁘다.

다양한 전통 빵

조지아에는 또 각별한 빵을 굽는 유일무이한 마을이 있다. 중부의 작은 마을 수라미(Surami)에 가면 이곳의 향토 빵 나주키(nazuki)를 맛볼 수 있다. 나주키는 향신료의 진한 향과 함께 단맛이 나는 스위트 브레드 일종이다. 수라미에 다다르자 수백 미터 남짓한 도로변 곳곳마다 임시 가판대와 노점상들이 늘어 서 있었다. 마을 주민들은 가판대마다 나주키를 진열해 놓고 홈메이드 나주키를 판매했다. 때마침 어느 노점은 즉석에서 토네에 나주키를 굽고 있었다.

나주키는 밀가루, 설탕, 달걀, 버터, 우유 등으로 빚은 이스트 발효 빵이다. 여기에 건포도와 계피, 정향(clove), 바닐라 등 여러 향신료를 첨가해 아주 독특한 맛을 낸다. 두께는 약간 도톰한 유선형으로 진한 갈색의 빵 빛깔이 유난히 두드러져 보인다. 토네에서 꺼내기 직전, 벽에 붙

+
수라미 마을 도로변 곳곳에 세워진 임시 가판대에서 아낙네들이 집에서 구운 나주키를 판매한다.

어 있는 상태에서 달걀노른자와 우유 또는 밀가루를 섞은 달걀 물을 빵 표면에 발라 구워서 특유의 색깔을 낸다. 나주키 역시 토네에 굽는 빵 중 하나로 토네는 고유한 빵 맛과 질감을 한 수 위로 끌어 올리는 주역이나 다름없다. 사계절 내내 나주키를 굽는 수라미 마을은 색다른 조지아 빵 맛을 선사한다.

둥글고 납작한 로비아니(lobiani)는 얼핏 국민 빵 하차푸리 종류 같아 보인다. 하지만 막상 잘라 보면 치즈 대신 콩으로 만든 페이스트가 들어 있다. 로비아니는 콩을 뜻하는 조지아어 로비오(lobio)에서 유래되었다. 주재료는 팥과 식감이 유사한 강낭콩을 삶아 으깨어 소금, 후추, 버터 등으로 맛을 낸 약간 짭짤한 팥빵이다. 푸리를 굽던 한 제빵사는 로비아니를 쇼티스 푸리처럼 길게 만들기도 했다. 북서부 라차(Racha) 지방은 콩과 훈제 햄을 넣은 라출리(rachuli) 로비아니가 유명하다. 로비아니는 12월 17일 '성 바르바라의 날'(St. Barbara's Day) 축제 때 특별히 만드는데 평상시 즐겨 먹는 인기 있는 빵이다.

최상의 맛, 추르치헬라

조지아를 여행하다 보면 올록볼록하게 생긴 양초 같은 추르치헬라(churchkhela)를 자주 보게 된다. 형형색색의 추르치헬라를 주렁주렁 매달아 놓은 상점들은 작품 전시장을 방불케 한다. 추르치헬라는 대표적인 국민 간식인 전통 디저트로 꼽힌다. 원산지는 동부 카헤티(Kakheti) 주이며 깊고 오래된 역사를 지닌 조지아 와인의 고향이기도 하다. 2015년, 카헤티의 추르치헬라 만드는 전통 기법은 '조지아 무형문화유산' 목록에 기록되었다. 이웃 나라 아르메니아를 비롯한 이란, 터키, 러시아 등지에서도 다양한 종류의 추르치헬라를 만든다.

대체로 추르치헬라는 주요 재료인 포도와 호두의 수확이 풍성한 가을에 만든다. 전통적으로 포도 껍질, 씨, 그리고 줄기까지 통째로 짜낸 머스트(must)를 청동 가마솥에서 천천히 조려 식힌다. 여기에 밀가루를 넣고 다시 가열, 차지고 끈끈해질 때까지 오래도록 저으면 주재료인 타타라(tatara)가 완성된다. 실이나 가는 끈을 부드럽게 미리 물에 담가 사용하는데 20~35cm 길이로 호두를 바늘로 꿰놓는다. 서부 지방은 호두 이외에 아몬드와 헤이즐넛도 이용한다. 타타라가 식지 않은 상태에서 준비된 호두를 3~4번 이상 반복해 담가 적당한 두께로 코팅한다. 질척한 타타라에 넣자마자 곧바로 빼서 줄에 걸면 자연스럽게 끝자

+
형형색색의 추르치헬라는 대표적인 전통 디저트로 꼽힌다.

락이 뾰족한 전형적인 추르치헬라 맵시가 만들어진다. 따가운 가을 햇살에 대략 5~6일간 서서히 건조되면서 젤리 같이 쫀득거리는 추르치헬라가 완성된다. 아삭한 호도와 쫄깃쫄깃한 식감을 즐기는 추르치헬라는 천연의 단맛이 입안에서 오래도록 감돈다.

조지아를 여행하면서 그제야 알게 된 조지아다운 맛. 전통 푸리, 그리고 풍요로운 치즈와 와인이 그리워지는 나라, 조지아, 또다시 가야 할 이유가 있다.